전광훈 목사 설교 시리즈 Light 08

배필의 원리

전광훈 목사 설교 시리즈 Light 08

배필의 원리

JUN KWANG HOON

전광훈 지음

NEWPURITAN PUBLISHING

들어가는 말

/

　태초에 하나님은 천지를 창조하시고 가장 마지막에 사람을 창조하셨습니다. 이때 하나님은 남자와 여자를 같이 만들지 않으시고, 아담을 깊이 잠들게 하신 후 그의 갈빗대 하나를 취하여 하와를 만드셨습니다. 여기에는 하나님의 분명한 의도가 있습니다. 아담은 예수 그리스도의 모형이고, 하와는 신부인 우리를 의미합니다. 하나님은 인간을 그리스도의 배필로 창조하시고, 모든 인간을 배필의 원리로 경영하시고 섭리해 나가십니다. 이것을 가리켜 '배필의 원리'라고 부릅니다. 〈배필의 원리〉는 창세기부터 요한계시록까지 확대되는 배필의 원리를 설명하고 있습니다. 인간의 모든 삶은 배필의 역사를 통해 이루어집니다. 배필이 있고 없고는 하늘과 땅 차이입니다. 인간 옆에는 배필이 있어야 형통함이 일어납니다. 이 책을 통해 여러분의 삶 가운데 놀라운 배필의 역사가 나타나고 하나님께서 예비하신 모든 축복이 임하길 바랍니다.

전광훈 목사 드림

목차

들어가는 말 5

01 배필의 원리 8
02 우리의 삶에 나타난 배필의 원리 16
03 신부의 완성 34
04 오실자의 표상 46
05 그리스도의 신부 72

01

배필의 원리

창세기 2장 18-25절

[18]여호와 하나님이 가라사대 사람의 독처하는 것이 좋지 못하니 내가 그를 위하여 돕는 배필을 지으리라 하시니라 [19]여호와 하나님이 흙으로 각종 들짐승과 공중의 각종 새를 지으시고 아담이 어떻게 이름을 짓나 보시려고 그것들을 그에게로 이끌어 이르시니 아담이 각 생물을 일컫는 바가 곧 그 이름이라 [20]아담이 모든 육축과 공중의 새와 들의 모든 짐승에게 이름을 주니라 아담이 돕는 배필이 없으므로 [21]여호와 하나님이 아담을 깊이 잠들게 하시니 잠들매 그가 그 갈빗대 하나를 취하고 살로 대신 채우시고 [22]여호와 하나님이 아담에게서 취하신 그 갈빗대로 여자를 만드시고 그를 아담에게로 이끌어 오시니 [23]아담이 가로되 이는 내 뼈 중의 뼈요 살 중의 살이라 이것을 남자에게서 취하였은즉 여자라 칭하리라 하니라 [24]이러므로 남자가 부모를 떠나 그 아내와 연합하여 둘이 한 몸을 이룰찌로다 [25]아담과 그 아내 두 사람이 벌거벗었으나 부끄러워 아니하니라

하나님이 사람을 창조하실 때, 배필의 원리로 만드셨다는 것을 아십니까? 하나님이 처음부터 남자와 여자를 만드신 것이 아닙니다. 하나님이 먼저 아담을 만드신 뒤에 아담으로부터 하와를 만들었습니다. 아담을 통하여 하와를 만들었단 말입니다. 이것을 가리켜 **"배필의 원리"**라고 합니다. 이렇게 하나님은 배필의 원리로 인간을 만드셨습니다.

"여호와 하나님이 가라사대 사람의 독처하는 것이 좋지 못하니 내가 그를 위하여 돕는 배필을 지으리라 하시니라"(창 2:18).

하나님이 아담을 만드시고, 사람의 독처하는 것이 좋지 못하다고 생각했습니다. 독처하는 것은 혼자 지내는 것을 말합니다. 창세기 1장을 살펴보면, 하나님께서 이 세상을 만드시고 "보시기에 좋았다"라고 기록되어 있습니다.

창세기 1장에 "하나님의 보시기에 좋았더라"라고 기록된 말씀을 살펴봅시다.

"그 빛이 하나님의 보시기에 좋았더라 하나님이 빛과 어두움을 나누사"(창 1:4).

"하나님이 뭍을 땅이라 칭하시고 모인 물을 바다라 칭하시니라 하나님의 보시기에 좋았더라"(창 1:10).

"땅이 풀과 각기 종류대로 씨 맺는 채소와 각기 종류대로 씨 가진 열매 맺는 나무를 내니 하나님의 보시기에 좋았더라"(창 1:12).

"주야를 주관하게 하시며 빛과 어두움을 나뉘게 하시니라 하나님의 보시기에 좋았더라"(창 1:18).

"하나님이 큰 물고기와 물에서 번성하여 움직이는 모든 생물을 그 종류대로, 날개 있는 모든 새를 그 종류대로 창조하시니 하나님의 보시기에 좋았더라"(창 1:21).

"하나님이 땅의 짐승을 그 종류대로, 육축을 그 종류대로, 땅에 기는 모든 것을 그 종류대로 만드시니 하나님의 보시기에 좋았더라"(창 1:25).

"하나님이 그 지으신 모든 것을 보시니 보시기에 심히 좋았더라 저녁이 되며 아침이 되니 이는 여섯째 날이니라"(창 1:31).

하나님께서 여섯째 날에는 보시기에 심히 좋았다고 말씀하셨습니다. 그런데 창세기 2장 18절에서는 아담이 혼자 있는 것이 좋지 못하다고 했습니다. 하나님이 혼자 지내는 아담을 보고 좋지 않아서 그를 위하여 **"돕는 배필"**을 지으셨습니다. 아담의 돕는 배필로 지으신 사람이 바로 하와입니다.

그렇다면 왜 하나님께서는 사람을 창조하실 때 처음부터 아담과 하와를 함께 만드시지 않고, 먼저 아담을 만드신 후 그를 깊이 잠들게 하신 다음, 그의 갈빗대 하나를 꺼내 그것으로 살을 채워 하와를 만드셨을까?

여기에는 하나님의 깊은 의도가 있습니다. 하나님은 배필의 원리를 통해서 우리의 모든 삶을 이루시고자 하십니다. 하나님은 성경의 시작인 창세기에서 배필로 시작하셨고, 성경의 마지막인 요한계시록에서도 배필로 마무리하셨습니다.

우리가 읽은 창세기 2장 18절에는 돕는 배필의 이야기가 나오는데, 요한계시록 21장 2절에서도 배필에 대한 이야기가 등장합니다.

요한계시록 21장 2절을 읽어봅시다.

"또 내가 보매 거룩한 성 새 예루살렘이 하나님께로부터 하늘에서 내려오니 그 예비한 것이 신부가 남편을 위하여 단장한 것 같더라"(계 21:2).

마지막 날에 신부가 남편을 위하여 단장한다는 배필에 대한 이야기가 나옵니다. 이렇게 하나님은 성경의 시작과 마지막을 배필의 원리로 말씀하십니다.

그리고 하나님의 깊은 의도는 사도 바울을 통해 로마서 5장에서도 알 수 있습니다.

로마서 5장 4절을 읽어봅시다.

"그러나 아담으로부터 모세까지 아담의 범죄와 같은 죄를 짓지 아니한 자들 위에도 사망이 왕노릇하였나니 아담은 오실 자의 표상이라"(롬 5:4).

사도 바울은 하나님이 아담을 만들 때 **"오실 자의 표상"**으로 만드셨다고 합니다. 오실 자는 누구입니까? 바로 예수님이십니다. 그러니까 아담은 만들어질 때에 예수님의 모형으로, 예수님의 표본으로 만들어진 겁니다. 믿습니까? **"아담은 오실 자의 표상이다."**

아담은 예수 그리스도의 하나의 모형입니다. 그러면 여기서 하나의 원리를 깨달을 수 있습니다. 아담이 예수님의 모형이라면, 아담의 부인인 하와는 누구의 모형입니까? 네, 여러분이 알고 있는 것처럼 바로 **"성도"**입니다.

배필의 원리

아담은 예수님의 모형이고, 하와는 성도의 모형입니다. 그러니까 하나님은 처음 사람을 만들 때부터 사람을 예수님의 신부로, 그리스도의 신부로 만든 겁니다. 하나님이 처음 설계할 때에 인간은 그리스도의 신부로 만들어진 겁니다.

요한계시록 21장 1-2절을 읽어봅시다.

"또 내가 새 하늘과 새 땅을 보니 처음 하늘과 처음 땅이 없어졌고 바다도 다시 있지 않더라 또 내가 보매 거룩한 성 새 예루살렘이 하나님께로부터 하늘에서 내려오니 그 예비한 것이 신부가 남편을 위하여 단장한 것 같더라"(계 21:1-2).

요한계시록 21장은 이 세상 끝을 이야기합니다. 하나님의 역사의 섭리의 마지막 부분이 요한계시록에 기록되어 있습니다. 예수님이 이 땅에 심판하러 오시고, 모든 세상이 다 정돈이 됩니다. 마지막 끝에 가서 나타나는 사건이 하늘에서 새 예루살렘이 내려옵니다. 그런데, 요한계시록 21장 2절에서 새 예루살렘을 그리스도의 신부라고 합니다.

요한계시록 21장 9-10절을 읽어봅시다.

"일곱 대접을 가지고 마지막 일곱 재앙을 담은 일곱 천사 중 하나가 나아와서 내게 말하여 가로되 이리 오라 내가 신부 곧 어린 양의 아내를 네게 보이리라 하고 성령으로 나를 데리고 크고 높은 산으로 올라가 하나님께로부터 하늘에서 내려오는 거룩한 성 예루살렘을 보이니"(계 2:9-10).

'신부, 곧 어린 양의 아내를 네게 보인다' 하고 말씀하셨습니다. 인간을 처음 설계하고 시작할 때 아담은 오실 자의 표상으로 이야기하며, 그리스도의 신부를 이야기합니다. 세상이 끝나는 새 예루살렘이 내려올 때에도 그리스도의 신부를 이야기합니다. 이처럼 하나님은 세상의 시작인 창세기에서도 그리스도의 아내로, 세상의 끝인 요한계시록에서도 그리스도의 신부로 말합니다.

하나님이 사람을 처음 창조하실 때, 아담이 독처하는 것이 좋지 못해서 돕는 배필인 하와를 만드셨습니다. 이것이 바로 인간을 창조하시고 만드신 **"배필의 원리"**입니다. 하나님의 섭리인 배필의 원리를 통해 깨닫고 그리스도의 신부로서 예수 그리스도를 맞이하기를 바랍니다.

> 기도
>
> "이 세상을 창조하신 하나님, 우리에게 배필의 원리를 깨닫게 하옵소서. 하나님의 섭리를 깨닫게 하옵소서. 예수 그리스도의 거룩한 신부가 되게 하옵소서. 예수 그리스도의 이름으로 기도하옵나이다. 아멘."

02

우리의 삶에 나타난 배필의 원리

창세기 2장 18-25절

18여호와 하나님이 가라사대 사람의 독처하는 것이 좋지 못하니 내가 그를 위하여 돕는 배필을 지으리라 하시니라 19여호와 하나님이 흙으로 각종 들짐승과 공중의 각종 새를 지으시고 아담이 어떻게 이름을 짓나 보시려고 그것들을 그에게로 이끌어 이르시니 아담이 각 생물을 일컫는 바가 곧 그 이름이라 20아담이 모든 육축과 공중의 새와 들의 모든 짐승에게 이름을 주니라 아담이 돕는 배필이 없으므로 21여호와 하나님이 아담을 깊이 잠들게 하시니 잠들매 그가 그 갈빗대 하나를 취하고 살로 대신 채우시고 22여호와 하나님이 아담에게서 취하신 그 갈빗대로 여자를 만드시고 그를 아담에게로 이끌어 오시니 23아담이 가로되 이는 내 뼈 중의 뼈요 살 중의 살이라 이것을 남자에게서 취하였은즉 여자라 칭하리라 하니라 24이러므로 남자가 부모를 떠나 그 아내와 연합하여 둘이 한 몸을 이룰찌로다 25아담과 그 아내 두 사람이 벌거벗었으나 부끄러워 아니하니라 하나님은 사람을 창조하실 때 아담과 하와를 각각 만들지 않으시고, 배필의 원리로 창조하셨다고 말했습니다. 하나님은 아담을 만드신 뒤에 독처하는 것이 보시기에 좋지 않아서 아담을 깊이 잠들게 하시고, 그의 갈빗대로 하와를 만들었습니다. 하나님은 아담과 하와를 한 번에 만드시지 않고 왜 이런 과정을 통해서 만드셨을까? 이것에 배필의 원리가 담겨 있습니다.

사도 바울은 로마서 5장을 통해 이 비밀을 우리에게 알려줬습니다. 로마서 5장 14절을 읽어봅시다.

"그러나 아담으로부터 모세까지 아담의 범죄와 같은 죄를 짓지 아니한 자들 위에도 사망이 왕노릇하였나니 아담은 오실 자의 표상이라"(롬 5:14).

바울은 아담을 오실 자의 표상이라고 했습니다. 여기서 오실 자는 바로 예수님입니다. 그러니까 아담이 바로 예수님의 표상이라는 겁니다. 아담이 첫 아담이라면, 예수님을 마지막 아담이라고 말합니다.

고린도전서 15장 45절을 읽어봅시다.

"기록된바 첫 사람 아담은 산 영이 되었다 함과 같이 마지막 아담은 살려 주는 영이 되었나니"(고전 15:45).

이렇게 아담은 예수님의 모형으로 지어진 겁니다. 그럼, 아담의 아내인 하와는 누구를 나타내는 겁니까? 아담이 예수님을 나타내는 것이니까, 하와는 예수님의 신부를 나타내는 겁니다. 예수 그리스도의 신부인 성도를 나타내는 겁니다. 바로 여러분과 저란 말입니다.

하나님께서는 이 세상을 처음 창조하시고 아담과 하와를 만드실 때 벌써 하나님의 생각은 예수 그리스도에게 초점이 맞춰져 있었습니다. 그리스도와 성도와의 관계를 설명하려고 하나님이 이렇게 만들었다는 겁니다.

아담을 만든 뒤에 하와를 만든 과정을 보면, 아담을 깊이 잠들게 합니다. 그리고 그의 몸에서 갈빗대를 꺼냅니다. 그리고 그것으로 하와를 만듭니다. 이건 예수가 십자가에 죽어 옆구리에서 피가 나와 그리스도의 신부인 성도를 만들었다는 겁니다. 이 원리를 설명하려고 하나님은 처음 아담을 창조할 때부터 설계하신 겁니다.

요한계시록 21장을 보시면, 마지막에 하나님의 사람 창조에 대한 의도가 나와 있습니다. 요한계시록 21장 1-4절을 읽어봅시다.

"또 내가 새 하늘과 새 땅을 보니 처음 하늘과 처음 땅이 없어졌고 바다도 다시 있지 않더라 또 내가 보매 거룩한 성 새 예루살렘이 하나님께로부터 하늘에서 내려오니 그 예비한 것이 신부가 남편을 위하여 단장한 것 같더라 내가 들으니 보좌에서 큰 음성이 나서 가로되 보라 하나님의 장막이 사람들과 함께 있으며 하나님이 저희와 함께 거하시리니 저희는 하나님의 백성이 되고 하나님은 친히 저희와 함께 계셔서 모든 눈물을 그 눈에서 씻기시매 다시 사망이 없고 애통하는 것이나 곡하는 것이나 아픈 것이 다시 있지 아니하리니 처음 것들이 다 지나갔음이러라"(계 21:1-4).

요한계시록 21장 9-10절도 읽어봅시다.

"일곱 대접을 가지고 마지막 일곱 재앙을 담은 일곱 천사중 하나가 나아와서 내게 말하여 가로되 이리 오라 내가 신부 곧 어린 양의 아내를 네게 보이리라 하고 성령으로 나를 데리고 크고 높은 산으로 올라가 하나님께로부터 하늘에서 내려오는 거룩한 성 예루살렘을 보이니"(계 21:9-10).

여기에 보면, 세상 끝날에 일곱째 천사가 나타납니다. 하나님이 창세기에서부터 농사를 시작하여, 요한계시록에 타작마당으로 추수합니다. 일곱 대접을 가지고 마지막 일곱 재앙을 담은 일곱 천사 중 하나가 나와서 이야기합니다.

"이리 오라 내가 신부 곧 어린 양의 아내를 네게 보이리라."

성경의 시작도 아담과 하와의 원리를 통하여 그리스도의 신부로, 성경의 마지막도 어린양의 아내, 예수 그리스도의 신부로 마무리합니다. 시작도 마무리도 배필의 원리입니다. 그러니까 하나님의 의도는 사람을 설계할 때부터 사람을 다 어린양의 아내로 만드는 겁니다.

그 어린양의 신부가 어떻게 생기는 겁니까? 그 원리는 배필의 원리로 깊이 잠들게 하여 어린양의 신부를 만드는 겁니다. 하나님께서는 사람을 창조하시고 그들을 경영하시는데, 그 경영의 원리는 아담과 하와의 배필의 원리와 같은 방식으로 이루어집니다.

배필의 원리에 적용되는 배필은 그 종류가 다양합니다. '육신의 배필', '사역의 배필', '사업의 배필' 등이 있습니다. 육신의 배필은 결혼을 통하여 남자와 여자가 이루어지는 것을 말합니다. 사역의 배필은 하나님이 어떤 사역을 시킬 때 배필을 만들어서 일을 시키십니다. 모세와 아론, 여호수아와 갈렙, 엘리사와 엘리야, 바울과 실라와 같이 사역의 배필을 만드셨습니다.

우리 속에서도 여러 가지 배필이 있습니다. 사업의 배필입니다. 사업도 자기 혼자 하면 잘 안 됩니다. 그런데 하나님이 베필을 붙여주시면 거기에서 폭발이 일어납니다. 그리고 물질의 배필도 있습니다. 모든 것들이 다 배필을 통하여 이루어지는 겁니다. 하나님은 모든 인생들을 이끄실 때, 배필의 원리로 이끄신다고 창세기 2장에서 말씀했습니다.

육신의 배필

하나님이 인간을 배필의 원리로 만들었기 때문에 여러분과 저의 삶의 모든 과정에도 하나님은 배필의 원리로 우리를 인도하십니다. 그래서 우리는 세상을 살면서 여러 가지의 배필을 만납니다. 첫째, **"육신의 배필"**입니다.

육신의 배필을 잘 만나야 됩니다. 아직 가정을 이루지 않은 분들은 결혼하기 전에 하나님께 육신의 배필을 위해서 깊은 기도를 해야 합니다. 금식 기도하시기를 바랍니다. '저 사람이 나의 배필이 맞습니까?' 하고 확실히 물어보시기를 바랍니다.

제가 아내를 만날 때 그냥 지나가다가 만난 게 아닙니다. 아내랑 결혼하기 전에 아내를 놓고 얼마나 기도를 했는지 모릅니다. 한얼산기도원에 가서 일주일 금식하면서 하나님께 물었습니다.

"하나님, 저 사람이 정말 나의 배필이 맞습니까?"

간절한 마음으로 일주일 금식하면서 기도했습니다. 그리고 하나님이 나에게 확신을 주셨습니다. 거기서 결정했습니다. 그렇게 결정하니까 결혼을 잘 했습니다. 그냥 지나가다 장난치며 만난 게 아닙니다. 기도를 깊이하고, 하나님께 계속 물었습니다.

"하나님, 저 사람이 정말, 정말 나의 배필이 맞습니까?"

저의 물음에 하나님께서 확신을 주셨기 때문에 아내랑 결혼을 했습니다. 그런데, 제가 아내를 처음 만날 때, 제 주위에 있는 사람들은 다 반대했습니다. 저를 전도한 이모도 안 된다고 했습니다.

"너, 저 처녀를 데리고 살면, 앞으로 목회는 못 한다."

그래서 제가 그 이유를 물었습니다.

"이모, 왜요?"

그랬더니, 이렇게 대답했습니다.

"생긴 게 너무 왜소하게 생겨서 그래. 생긴 거 보면, 성격이 보이잖아."

이모가 작고 섬세하게 생긴 사람이 교회 사모가 되면 안 된다는 겁니다. 사모는 몸집도 있고, 온 성도들을 다 쓸어안도록 생겨야 된다는 겁니다.

"젓가락같이 생겨가지고 교회 사모가 되겠어?"

저의 어머니도 안 된다고 했습니다. 절대로 사모가 안 된다고 말했습니다. 주변에 사람들이 비슷하게 이야기했습니다. 주변에서 다 그렇게 이야기하니까, 제 생각에도 안 될 것 같았습니다. 그래서 금식기도원에 가서 일주일을 굶으면서 하나님께 간절히 기도한 겁니다.

"하나님, 주변 사람들이 다 안 된다고 하는데, 저 사람이 정말 제 배필이 맞아요?"

일주일 금식을 했는데, 밤에 꿈을 꿨습니다. 그 꿈이 아내하고 결혼하는 장면이었습니다. 결혼식장에서 예식 옷을 입고 결혼하는 꿈을 꿨습니다.

'이건 하나님이 이 사람이랑 결혼을 하라는 사인이다.'

이런 생각을 했습니다. 그런데도 주위에 많은 사람이 다 "하지 말라" 하는 상황이라서 힘들었습니다.

"이거 어떻게 해야 되나?"

그때 제가 어떻게 한지 아십니까?

"하나님 말이 맞겠지!"

하나님 말씀에 순종했습니다. 그렇게 아내와 결혼하는 것을 진행했습니다. 그런데 어머니가 참 힘들게 했습니다. 내일이 결혼식인데, 결혼식장에 안 간다는 겁니다.

"난, 저런 며느리 안 본다!"

어머니가 결혼식 전날에 이런 말씀을 하시니까 기가 막혔습니다. 그런데 그때 아내가 제게 당당하게 이렇게 이야기했습니다.

"내가 직접 가서 마음을 돌릴 테니까, 어머니를 만나게 해줘!"

그때 영등포 신길동에 있는 지하실 방에 어머니가 사셨는데, 거기로 아내를 데리고 갔습니다. 가서 문을 여니까 어머니가 앉으시면서 이야기했습니다.

"보기 싫다. 빨리 나가라."

그래서 말도 한마디 못 하고, 아내가 펑펑 울면서 나왔습니다. 제가 아내를 보고 미안하다고 했습니다.

"원래 어머니는 그러니까 이해해."

그렇게 집으로 아내를 돌려보내고 생각했습니다. 내일이 결혼식인데, 어머니가 안 온다고 하니까 정말 큰일이 난 겁니다. 어머니가 안 오면, 아버지도 같이 안 옵니다. 아버지는 완전히 우리 어머니의 노예입니다. 어머니가 하자는 대로 따라서 하는 분이니까 말입니다.

그래서 제가 어떻게 했겠습니까? 제가 할 수 있는 게 뭐가 있겠습니까? 하나님께 기도했습니다.

"하나님, 부모님이 결혼식에 안 오신다고 하는데, 결혼식을 해야 되나요? 안 해야 되나요?"
"저는 어떻게 해야 하나요?"

그랬더니, 하나님이 제게 응답을 주셨습니다.

"온다. 내가 오게 해줄게."

하나님께 기도하는데, 제게 자꾸 그런 음성을 들려주셨습니다. 그런데 그날 오후 두 시에 어머니가 집에 계시다가 하나님의 음성을 들었다고 합니다.

"결혼식에 가라."

하나님이 어머니를 혼내셨다고 합니다.

"네가 자식을 낳아서 네 자식한테 해준 게 뭐 있냐?"

어머니는 무식해 가지고 성령의 음성으로 못 들었습니다. 어머니는 영적으로 약해 가지고, 구약시대 아브라함처럼 귀 고막으로 들었습니다. 하나님의 음성을 우리 어머니는 이렇게 들었습니다.

"네가 아들을 낳아서 그동안 한 게 뭐 있냐? 다른 집구석을 봐라. 다 자식이 부모를 속 썩이는데 너는 부모가 자식을 속 썩이냐? 너 그동안 자식을 위해서 해준 게 뭐 있냐? 속만 썩였지. 너 아들 하자는 대로 따라서 해라. 그리하면 복이 임하리라."

그래서 어머니가 저녁에 저한테 전화를 했습니다.

"오후에 낮잠을 자는데 우레 같은 음성이 들렸어. 너 하자는 대로 안 하면 하나님이 죽인다고 그래서 내일 결혼식장에 간다."

어머니가 결혼 한복 맞추라고 하는 것도 맞출 시간도 없어서 헌 옷 입고 참석했습니다. 그렇게 아내랑 결혼을 했습니다.

이렇게 아내랑 힘들게 결혼을 했는데, 결혼생활을 하면서 살아 보니까 제 배필이 아닌 거 같은 겁니다. 그때 제가 이런 생각을 했습니다.

'이건 내가 하나님의 음성을 잘못 들은 것 같은데.'
'이게, 그때 뭐 마귀가 나한테 말을 했나?'
'이게 도대체 뭐지!'

이 세상 인구가 80억이라고 하는데, 절반이 여자니까 40억이 저의 배필이 될 후보인데, 그 중에서 제일 못된 사람이 저의 아내인 거 같았습니다. 다른 여자랑 안 살아봐서 잘 모르지만, 도대체 제 아내는 사람이 아닌 거 같았습니다. 그래서 제가 다시 하나님 앞에 금식까지 하면서 물어봤습니다.

"무슨 놈의 꿈속에 웨딩드레스는 개뿔이고, 이게 전부 사탄이 어떻게 저런 악한 여자를 나한테 데려왔냐?"

이러면서 아내랑 매일 싸웠습니다. 그냥 하루도 안 싸울 날이 없었습니다. 정말 매일 싸웠습니다. 나중에 이혼하려고 둘이서 변호사 사무실까지 찾아갔습니다.

"아휴 도저히 못 살겠네."
"이거 진짜 내가 응답을 잘못 받았구나, 이건 내 배필이 아니구나."
"에이 그래도 이게 뭐 이혼할 수도 없고, 어디 갖다 버릴 수도 없고."

저는 제 쪽에서 이렇게 생각했지만, 아내는 아내대로 다른 생각을 했습니다.

"어떻게 저런 사람을 만나 가지고."

그러니 뭐 배필이고, 쥐뿔이고 모르겠다는 심정이었습니다. 하나님이 정말 실수하신 것일까? 이런 생각을 정말 많이 했습니다. 그런데 하나님은 실수가 없습니다. 당장 완성된 배필도 있고, 하나님은 나중에 개조할 배필도 있습니다. 완성된 배필이 그렇게 많지 않습니다.

지금, 제 아내는 천사입니다. 저에게 정말 천사입니다. 이 지구상에 있는 40억 여자를 다 줘도 안 바꿉니다. 전 지금 아내가 제일 좋습니다. 이제 아내 없이는 못 삽니다. 얼마나 잘하는지 모릅니다.

사역의 배필

"**사역의 배필**"이 있습니다. 세계적으로 하나님의 큰일을 한 사람, 그리고 성경 인물 중 한 시대에 하나님의 일을 크게 한 사람은 꼭 옆에 배필이 붙어 있습니다. 모세와 아론, 여호수아와 갈렙처럼 짝이 있습니다. 엘리사와 엘리야도 짝입니다. 이게 전부 사역의 배필입니다.

전도자였던 무디 옆에 생키라는 사람이 있었습니다. 생키는 무디에게 천군만마와 같은 존재입니다. 생키는 평생 1,200편 가량의 복음 찬송을 작곡했습니다. 지금도 우리가 애창하는 '양 아흔 아홉 마리는', '어려운 일 당할 때', '나 주의 도움 받고자', '십자가

군병 되어서', ' 주 날개 밑 내가 평안히 쉬네' 등 많은 곡들을 작곡 했습니다.

무디는 노래를 잘 못했습니다. 설교만 잘 했습니다. 그런데 생키가 무디 옆에서 노래를 부르면 사람들의 마음이 움직였습니다. 다윗의 비파가 되었습니다. 사람들한테 붙은 악령이 다 물러갔습니다. 생키가 한 번 노래를 부르면, 사람에게 붙은 마귀가, 어두움이 물러갑니다. 다윗이 비파를 켤 때 사울 속에 있는 귀신이 물러갔던 것처럼 말입니다. 사람들 속에 있는 사탄, 마귀, 귀신이 물러가고 성령이 임하는 겁니다. 성령이 임하니 하나님의 말씀을 들을 수 있는 능력이 생기는 겁니다. 이 상태에서 무디가 설교를 하는 겁니다. 그러니 그 말씀에 능력이 생기는 겁니다.

귀신이 붙고 악령이 덮은 사람은 하나님의 말씀을 못 듣습니다. 듣고 싶어도 들을 힘이 없어서 못 듣습니다. 영의 세계이기 때문에 어둠의 영이 덮고 있는 사람에게는 하나님의 말씀이 들리지 않습니다. 그런데 이걸 누가 해치우느냐? 무디 앞에 나와서 생키가 찬송으로 어둠의 영을 해치우는 겁니다. 생키가 찬송을 부르면 공기 색깔이 달라졌다고 합니다.

무디가 설교한 곳이 어딘지 아십니까? 사람들이 하도 많이 모여서 경마장에서 했다고 합니다. 기존 건물에서는 사람들이 모이기 힘들어서 경마장에서 설교를 했습니다. 먼지가 펄펄 나는 경마장에서 5만 명, 10만 명이 모여서 설교를 듣고 어떻게 은혜를 받겠습니까?

그런데 생키의 찬양을 들으면 사람들의 마음이 다 풀려버립니다. 경마장을 하나님의 성전으로 만들어 버립니다. 그런 상태에서 무디가 설교를 하면 그들의 마음속에 스펀지처럼 들어가는 겁니다.

생키는 무디에게 사역의 배필입니다. 이렇게 사역의 배필이 붙으면, 혼자 일하는 것보다 10배, 100배의 일이 일어납니다. 이게 배필의 능력이라는 겁니다. 믿습니까?

사업의 배필

"**사업의 배필**"도 있습니다. 사업을 할 때 혼자 하면 돈이 안 벌립니다. 그런데 사업의 배필이 딱 붙으면 잘 됩니다. 예를 들면, 어떤 사람이 사업하는데 한 달 매출이 1,000만원입니다. 그리고 다른 사람도 사업을 하는데, 한 달 매출이 1,000만원입니다. 이 두 사람을 합치면, 한 달 매출이 2,000만원이 됩니다. 이게 수학적 공식입니다. 그런데 배필의 원리가 여기에 붙으면 수학적 공식이 적용되지 않습니다. 배필의 원리로 두 사람이 합쳐서 사업을 하면, '1000만원 + 1000만 원 = 2000만 원'이 아닙니다.

배필의 원리로 둘이 합쳐지면, 시너지 효과가 생깁니다. 그래서 한 달 매출이 1억이 됩니다. 그러니까, 하나님께서 붙여주신 사업의 배필이 생기면 10배, 100배의 일이 일어나는 겁니다.

물질의 배필

"물질의 배필"이 있습니다. 사람들은 돈을 얻기 위해서 돈을 쫓아다닙니다. 돈이 있는 곳에 사람들이 몰려들고, 남들보다 더 많이 가지려고 합니다. 그런데 여러분, 돈은 사람이 원해서 벌어지는 것이 아닙니다. 돈을 쫓는다고 물질이 생기는 것이 아닙니다. 내 삶에 배필이 붙어야 벌어집니다.

사람이 돈을 벌기 위해서는 반드시 물질의 배필이 붙어야 하는데, 그 배필 역시 오직 하나님만이 붙여주실 수 있습니다. 하나님이 물질의 배필을 붙여주시면, 돈을 쫓지 않아도 돈이 나를 따라옵니다. 이것이 바로 물질의 배필입니다.

사건의 배필

그다음에 **"사건의 배필"**도 있습니다. 이게 무슨 말인가? 어떤 사건이 있는데, 혼자는 아무리 고민하고 누굴 만나서 물어봐도 해결이 안 됩니다. 그런데 이 사건을 해결할 배필이 있다는 겁니다. 사건의 배필이 딱 붙어버리면, 이것은 한 번에 해결이 됩니다. 믿습니까?

이렇게 하나님은 인간을 처음 창조할 때부터 배필의 원리로 만들었기 때문에, 인간들 옆에는 배필이 있어야 인생의 형통함이 일어납니다. 우리 인생 앞에 계속 형통함이 일어나기 위해서는 배필들이 붙어져야 됩니다. 모든 종류의 배필이 붙어야 합니다. **"육신의 배필, 사역의 배필, 사업의 배필, 물질의 배필, 사건의 배필."**

> ### 기도
>
> "배필의 원리대로 인간을 창조하신 하나님, 감사합니다. 우리의 삶에서 배필의 역사가 일어나 인생의 형통함이 일어나게 하옵소서. 우리의 삶에서 육신의 배필, 사역의 배필, 사업의 배필, 물질의 배필, 사건의 배필이 역사하게 하옵소서. 예수 그리스도의 이름으로 기도하옵나이다. 아멘."

03

신부의 완성

창세기 2장 18-25절

[18]여호와 하나님이 가라사대 사람의 독처하는 것이 좋지 못하니 내가 그를 위하여 돕는 배필을 지으리라 하시니라 [19]여호와 하나님이 흙으로 각종 들짐승과 공중의 각종 새를 지으시고 아담이 어떻게 이름을 짓나 보시려고 그것들을 그에게로 이끌어 이르시니 아담이 각 생물을 일컫는 바가 곧 그 이름이라 [20]아담이 모든 육축과 공중의 새와 들의 모든 짐승에게 이름을 주니라 아담이 돕는 배필이 없으므로 [21]여호와 하나님이 아담을 깊이 잠들게 하시니 잠들매 그가 그 갈빗대 하나를 취하고 살로 대신 채우시고 [22]여호와 하나님이 아담에게서 취하신 그 갈빗대로 여자를 만드시고 그를 아담에게로 이끌어 오시니 [23]아담이 가로되 이는 내 뼈 중의 뼈요 살 중의 살이라 이것을 남자에게서 취하였은즉 여자라 칭하리라 하니라 [24]이러므로 남자가 부모를 떠나 그 아내와 연합하여 둘이 한 몸을 이룰찌로다 [25]아담과 그 아내 두 사람이 벌거벗었으나 부끄러워 아니하니라

배필의 원리에 **"육신의 배필, 사역의 배필, 사업의 배필, 물질의 배필, 사건의 배필"** 등이 있습니다. 그런데 우리에게 이런 배필들이 딱 하고 붙어주면 되는데, 그게 말처럼 쉽지 않습니다. 앞 장에서 제 아내가 정말 저의 배필이냐고 하나님께 기도하고 응답을 받았다고 했습니다. 그럼에도 불구하고 막상 살아보니 저하고 정말 맞는 것이 없었습니다. 그래서 이혼하려고 둘이서 변호사 사무실까지 찾아갔다고 말하지 않았습니까? 저는 제 쪽에서 이렇게 생각했지만, 아내는 아내대로 저랑 똑같은 생각을 했습니다.

"어떻게 저런 사람을 만나 가지고."
"하나님은 왜 이런 배필을 주신 걸까?"

그런데 하나님께서 지금 당장 나에게 완성된 배필을 주시는 경우는 극히 드뭅니다. 하나님은 나중에 개조할 배필을 주신 겁니다.

미완성의 배필

그러면 하나님이 왜 완성된 배필을 안 주시고, 미완성의 배필을 주시는 겁니까? 하나님은 미완성의 배필을 변화시켜서 저한테 완성의 배필을 만들려고 응답해 주신 겁니다. 변화시켜서 배필을 만들겠다는 겁니다.

그런데 하나님은 처음부터 그렇게 좀 완성된 배필을 저한테 주면 좋은데, 왜 그렇게 힘들게 했는지 모르겠습니다. 그런데 생각을 해보니까, 하나님이 여기에 의미가 있다는 겁니다. 만약에 아내가 완성된 배필로 제게 왔다면, 저는 변화가 안 되었을 겁니다. 아내가 완성된 배필이기 때문에 제가 변화될 필요가 없습니다. 제가 변화될 기회가 없어지는 겁니다.

아내가 미완성의 배필이지만, 저 역시 미완성의 배필이었습니다. 미완성의 배필이 서로 만나서 싸우고 깨지면서 아내뿐만 아니라 저도 변화가 많이 됐습니다. 그렇게 미완성의 배필이었던 부부가 서로 완성의 배필로 만들어져 가는 겁니다. 저는 전부 아내가 못 돼서 그런 줄 알았습니다. 그런데 나중에 깨닫고 보니까, 저도 역시 문제였던 겁니다. 서로 똑같았다는 겁니다. 옛날 어르신들이 하는 말처럼 부부가 똑같으니까 싸운다는 겁니다.

하나님께서 하시는 일에는 다 의도가 있습니다. 미완성의 배필을 불러서 미완성의 배필인 저도 변화시키고 아내도 변화되는 겁니다. 하나님은 결국 제가 기도한 것처럼 응답하신 겁니다. 배필의 원리에 따라서 저와 아내를 인도하신 겁니다. 아멘.

이 책을 읽고 있는 분들 중에 이런 생각을 하는 분도 계실 겁니다.

"내가 무슨 재수가 없어 저런 인간을 만났을까?"

그런데 그런 생각을 하는 분에게 이야기할 수 있습니다.

"너도 그런 인간이에요."

하나님은 꼭 끼리끼리 붙여서 둘이 부딪혀 가지고 깨지게 만드십니다. 박살나게 만드십니다. 그렇게 깨지고 박살이 나서 완전한 배필이 됩니다.

이미 배필을 결정해서 살고 있는 분들에게 말씀드리고 싶습니다. "내가 저런 사람하고 못 살겠다" 하고 말하지 마시기를 바랍니다. 여러분이 지금 그 모습 그대로 다른 사람을 만나도 만족하지 못할 겁니다. 내가 변하지 않으면 안 되는 겁니다.

사역의 배필도 처음부터 좋은 관계이면 좋겠지만, 육체의 배필처럼 미완성의 상태에서 만나서 완성의 배필이 되는 경우가 있습니다. 사업의 배필, 물질의 배필, 사건의 배필도 동일합니다.

그런데 이게 인간적인 방법으로는 안 됩니다. 하나님 앞에 기도하고 금식하고 철야하면서 나의 배필이 변화될 수 있도록 기도해야 합니다. 그리고 내 자신도 그에 맞게 변화될 수 있도록 기도해야 합니다.

하나님은 사람을 창조하신 분입니다. 사람을 만드시는 분이 사람을 개조할 실력이 없겠습니까? 무에서 유를 창조하신 분이신

데, 개조하는 건 쉽습니다. 하나님은 뭐든지 다 할 수 있는 분입니다. 하나님께 배필을 위해 기도하면 됩니다.

결혼을 이미 하신 분들도, 아직 결혼을 하지 않은 분들도 하나님 앞에 깊이 기도하시기를 바랍니다. 불평하지 마시고, 나에게 맞는 배필을 위해서 기도하시기를 바랍니다. 그런데 여러분, 이 세상 인간들은 다 거기서 거기입니다. 더 나은 인간이 별로 없습니다. 차이가 없습니다. 하나님께 기도하면서 나에게 맞는 배필을 위해서 기도하면, 변화가 일어납니다.

배필을 이끌어주시는 하나님

창세기 2장 24절을 읽어봅시다.

"이러므로 남자가 부모를 떠나 그 아내와 연합하여 둘이 한 몸을 이룰찌로다"(창 2:24).

남자와 그 아내가 연합하여 둘이 한 몸을 이룬다고 했습니다. 그런데 연합하여 한 몸을 이루는 것이 참 어렵습니다. 이 연합한다는 히브리의 원어가 이게 한 번 붙여놓으면 영원히 뗄 수 없는 연합을 말하는 겁니다. 다시 나눌 수 없을 만큼 하나님이 연합시키는 겁니다. 예수 그리스도와의 온전한 연합도 다시는 헤어질 수 없습니다.

사도 바울이 고린도전서 12장에서 한 몸에 대해서 이렇게 이야기합니다. 고린도전서 12장 14-20절을 읽어봅시다.

"몸은 한 지체뿐만 아니요 여럿이니 만일 발이 이르되 나는 손이 아니니 몸에 붙지 아니하였다 할지라도 이로써 몸에 붙지 아니한 것이 아니요 또 귀가 이르되 나는 눈이 아니니 몸에 붙지 아니하였다 할지라도 이로써 몸에 붙지 아니한 것이 아니니 만일 온 몸이 눈이면 듣는 곳은 어디며 온 몸이 듣는 곳이면 냄새 맡는 곳은 어디냐 그러나 이제 하나님이 그 원하시는 대로 지체를 각각 몸에 두셨으니 만일 다 한 지체뿐이면 몸은 어디냐 이제 지체는 많으나 몸은 하나라"(고전 12:14-20).

지체는 많으나, 몸은 하나입니다. 사도 바울이 고린도교회에 이런 이야기를 한 것은 교회에서 다툼이 많았기 때문입니다.

"한 몸인데 왜 몸끼리 싸우냐?"

그리고 계속해서 한 지체가 되어 그리스도의 몸에 참여하기를 이야기합니다. 21-27절을 읽어봅시다.

"눈이 손더러 내가 너를 쓸 데가 없다 하거나 또한 머리가 발더러 내가 너를 쓸 데가 없다 하지 못하리라 그뿐 아니라 더 약하게 보이는 몸의 지체가 도리어 요긴하고 우리가 몸의 덜 귀히 여기는 그것들을 더욱 귀한 것들로 입혀 주며 우리의 아름답지 못한 지체는 더욱 아름다운 것을 얻느니라 그런즉 우리의 아름다운 지체는 그럴 필요가 없느니라 오직 하나님이 몸을 고르게 하여 부족한 지체에게 귀중함을 더하사 몸 가운데서 분쟁이 없고 오직 여러 지체가 서로 같이 돌보게 하셨느니라 만일 한 지체가 고통을 받으면 모든 지체가 함께 고통을 받고 한 지체가 영광을 얻으면 모든 지체가 함께 즐거워하느니라 너희는 그리스도의 몸이요 지체의 각 부분이라"(고전 12:21-27).

연합하여 한 몸을 이룬 배필이 정말 중요한 것을 알 수 있습니다. 그런데 문제는 이 배필을 원한다고 구할 수 있느냐는 겁니다. 아담을 봅시다. 아담이 자신이 외롭다고 해서 배필을 스스로 만들었습니까? 아닙니다. 자기가 만든 게 아닙니다. 하나님이 아담의 모습을 보시고 만들어서 붙이셨습니다. 배필은 하나님의 손에 있습니다.

창세기 2장에 보면, **'이끌어'**라고 기록되어 있습니다. 하나님이 하와를 만들어 아담에게로 이끌어 오셨습니다.

창세기 2장 22절을 읽어봅시다.

"여호와 하나님이 아담에게서 취하신 그 갈빗대로 여자를 만드시고 그를 아담에게로 이끌어 오시니"(창 2:22).

하나님이 배필을 이끌어 오십니다. 우리 스스로 배필을 만드는 것이 아닙니다. 여러분이 예배를 드리고, 설교를 들을 때 모든 설교가 가슴에 다 부딪히는 게 아닙니다. 설교 중에 어느 순간 어떤 한마디가 가슴에 와서 '꽉' 하고 때리는 말씀이 있습니다. 그 말씀을 붙잡아야 됩니다. 이런 것들이 성령이 역사하시는 겁니다. 성경을 읽을 때도 그런 겁니다.

하나님이 아담에게서 취하신 그 갈빗대로 여자를 만드시고 그를 아담에게로 이끌어 오시는 것처럼 우리의 배필을 하나님께서 이끌어 오신다는 것을 깨닫기를 바랍니다. 하나님이 이끄실 때 배필의 역사가 일어납니다.

이 지구상에 80억 인구가 있는데, 여기서 내가 나의 배필을 어떻게 찾을 수 있겠습니까? 내가 찾을 수 없습니다. 하나님의 손으로 이끌어 주셔야 됩니다. 모든 배필이 다 마찬가지입니다. **"육신의 배필, 사역의 배필, 사업의 배필, 물질의 배필, 사건의 배필."** 이 모든 것들에 대해서, 하나님의 손에 의해서 이끌림을 받아야 됩니다. 내가 찾으려고 해도 배필을 찾을 수 없습니다. 이것을 사도 바울이 고린도전서에서 완전계시로 이야기합니다.

고린도전서 12장 1-2절을 읽어봅시다.

"형제들아 신령한 것에 대하여는 내가 너희의 알지 못하기를 원치 아니하노니 너희도 알거니와 너희가 이방인으로 있을 때에 말 못 하는 우상에게로 끄는 그대로 끌려갔느니라"(고전 12:1-2).

사도 바울이 이야기합니다. 사람은 두 가지 영에 이끌림을 받습니다. 하나는 사탄이 이끄는 것이고, 다른 하나는 성령이 이끄는 겁니다. 사도 바울은 이방인으로 있을 때 말 못하는 우상이 이끄는 그대로 끌려갔다고 말했는데, 이것이 바로 사탄이 이끄는 겁니다. 성령의 이끌림을 받는 사람은 교회로 향하는 겁니다.

사도 바울은 계속해서 성령의 이끄심에 대해서 이야기합니다. 고린도전서 12장 3절을 읽어봅시다.

"그러므로 내가 너희에게 알게 하노니 하나님의 영으로 말하는 자는 누구든지 예수를 저주할 자라 하지 않고 또 성령으로 아니하고는 누구든지 예수를 주시라 할 수 없느니라"(고전 12:3).

성령의 이끄심이 없이는 누구든지 예수를 주라고 고백할 수 없습니다. 성령의 이끄심으로 그리스도의 배필이 될 수 있는 겁니다.

아브라함이 그의 며느리 구할 때를 살펴봅시다. 아브라함의 아들, 이삭이 나이가 들어 장가보낼 때가 됐습니다. 지구상에 존재하는 여자 중에 자기 아들을 위하여 어떤 며느리를 구해야 할지 고민이 됐습니다. 그래서 기도하고, 몸종인 엘리에셀에게 부탁했습니다.

창세기 24장 3-4절을 읽어봅시다.

"내가 너로 하늘의 하나님, 땅의 하나님이신 여호와를 가리켜 맹세하게 하노니 너는 나의 거하는 이 지방 가나안 족속의 딸 중에서 내 아들을 위하여 아내를 택하지 말고 내 고향 내 족속에게로 가서 내 아들 이삭을 위하여 아내를 택하라"(창 24:3-4).

엘리에셀이 주인인 아브라함의 명령을 듣고 아브라함의 고향인 갈대아 우르로 갔습니다. 그런데 넓은 지역에서 어디로 가서 누구를 구할 수 있느냐 말입니다. 망망대해에서 어디로, 어떻게 이삭의 아내를 택할 수 있느냐 말입니다. 엘리에셀이 한 행동이 무엇인지 아십니까? 맞습니다. 엘레에셀이 하나님께 기도합니다.

창세기 24장 12-14절을 읽어봅시다.

"그가 가로되 우리 주인 아브라함의 하나님 여호와여 원컨대 오늘날 나로 순적히 만나게 하사 나의 주인 아브라함에게 은혜를 베푸시옵소서 성중 사람의 딸들이 물 길러 나오겠사오니 내가 우물 곁에 섰다가 한 소녀에게 이르기를 청컨대 너는 물 항아리를 기울여 나로 마시게 하라 하리니 그의 대답이 마시라 내가 당신의 약대에게도 마시우리라 하면 그는 주께서 주의 종 이삭을 위하여 정하신 자라 이로 인하여 주께서 나의 주인에게 은혜 베푸심을 내가 알겠나이다"(창 24:12-14).

엘리에셀이 하나님을 향하여, "하나님, 이 많은 처녀 중에 내가 어떻게 구할 수 있겠습니까? 하나님이 좀 붙여주세요" 하고 기도한 겁니다.

창세기 24장 15-24절을 계속 읽어봅시다.

"말을 마치지 못하여서 리브가가 물 항아리를 어깨에 메고 나오니 그는 아브라함의 동생 나홀의 아내 밀가의 아들 브두엘의 소생이라 그 소녀는 보기에 심히 아리땁고 지금까지 남자가 가까이 하지아니한 처녀더라 그가 우물에 내려가서 물을 그 물 항아리에 채워가지고 올라오는지라 종이 마주달려가서 가로되 청컨대 네 물 항아리의 물을 내게 조금 마시우라 그가 가로되 주여 마시소서 하며 급히 그 물 항아리를 손에 내려 마시게 하고 마시우기를 다하고 가로되 당신의 약대도 위하여 물을 길어 그것들로 배불리 마시게 하리이다 하고 급히 물 항아리의 물을 구유에 붓고 다시 길으려고 우물로 달려가서 모든 약대를 위하여 긷는지라 그 사람이 그를 묵묵히 주목하며 여호와께서 과연 평탄한 길을 주신 여부를 알고자 하더니 약대가 마시기를 다하매 그가 반 세겔중 금고리 한개와 열 세겔중 금 손목고리 한 쌍을 그에게 주며 가로되 네가 뉘 딸이냐 청컨대 내게 고하라 네 부친의 집에 우리 유숙할 곳이 있느냐 그 여자가 그에게 이르되 나는 밀가가 나홀에게 낳은 아들 브두엘의 딸이니이다"(창 24:15-24).

엘리에셀이 기도하고 눈을 딱 떴더니, 물동이를 가지고 처녀 하나가 오는 겁니다. 엘리에셀이 가서 말합니다.

"물 좀 주세요."

그러니까 물을 줍니다. 그리고 약대에게도 물을 마시게 합니다. 그 여자의 족보를 살펴보니, 아브라함의 조카의 후손입니다. 그래서 그 여자를 이삭의 아내로 데리고 옵니다. 창세기 24장을 보면, 이삭의 배필을 붙여주시는 하나님의 인도하심을 볼 수 있습니다.

이렇듯 하나님은 모든 배필을 이끌어서 우리에게 붙여주시는 겁니다. 연합하는 겁니다. **"육신의 배필, 사역의 배필, 사업의 배필, 물질의 배필, 사건의 배필"**을 예배를 통하여 여러분에게 이끌어 주신다는 겁니다. 비록 그 배필이 잘 맞지 않는 미완성의 배필이라도 하나님께서 개조하여 완성의 배필로 만들어주셔서 배필의 원리가 내 삶에서 일어나도록 하십니다.

(기도)

"우리에게 배필의 원리를 주신 하나님, 감사합니다. 우리에게 미완성의 배필을 주셔서 연단하시고 개조하셔서 완성의 배필로 이끌어 주시니 감사합니다. 우리의 삶에 배필의 역사가 일어나게 하셔서 형통의 삶이 이루어지게 하옵소서. 예수 그리스도의 이름으로 기도하옵나이다. 아멘."

04

오실자의 표상

로마서 5장 14절
¹⁴그러나 아담으로부터 모세까지 아담의 범죄와 같은 죄를 짓지 아니한 자들 위에도 사망이 왕노릇하였나니 아담은 오실 자의 표상이라

하나님은 배필의 원리로 사람을 창조하셨습니다. 아담을 만드시고, 아담을 통해서 하와를 만드셨습니다.

마틴 로이드 존스 목사는 여러 책을 썼습니다. 그 중에 〈로마서 강해〉가 있습니다. 마틴 로이드 존스 목사는 로마서의 일인자라고 하는데, 그가 이런 말을 했습니다.

"공산주의자들이 성경을 다 없애버리고 하나만 가져가라고 하면, 로마서만 있으면 된다."

이렇게 마틴 로이드 존스 목사는 로마서를 중요하게 생각했습니다. 이 로마서에 아담과 하와의 원리가 들어있습니다.

로마서 5장 14절을 읽어봅시다.

"그러나 아담으로부터 모세까지 아담의 범죄와 같은 죄를 짓지 아니한 자들 위에도 사망이 왕노릇하였나니 아담은 오실 자의 표상이라"(롬 5:14).

사도 바울은 로마서 5장에서 배필의 원리에 대해서 이야기합니다. 바울은 아담을 오실 자의 표상이라고 했습니다. 오실 자는 예수님입니다. 아담이 예수님의 표상이라면, 하와는 예수님의 신부입니다. 예수님의 신부는 성도입니다. 이렇게 아담과 하와가 배필이 되는 것처럼, 예수님과 성도가 배필이 되는 겁니다.

배필이 있는 사람과 없는 사람

배필이 있는 사람과 없는 사람은 큰 차이가 있습니다. 일단은 배필이 없는 것은 성경에 기록되어 있듯이 하나님 보시기에 좋지 못합니다.

창세기 2장 18절을 읽어봅시다.

"여호와 하나님이 가라사대 사람의 독처하는 것이 좋지 못하니 내가 그를 위하여 돕는 배필을 지으리라 하시니라"(창 2:18).

하나님이 천지창조를 다 해놓고, 다른 것들은 다 좋았더라, 심히 좋았다고 했습니다. 그런데 아담이 독처하는 것이 '좋지 못하니' 하고 말씀하셨습니다. 배필이 없는 상태는 하나님이 보시기에도 안 좋고, 옆에서 사람이 보기에도 안 좋습니다.

육신의 배필을 봅시다. 과부와 홀아비가 혼자 사는 것은 보기에 안 좋은 겁니다. 옆에서 봐도 안 좋습니다. 성경에 과부는 불쌍히 여기라는 말씀은 있지만, 보기 안 좋은 홀아비를 불쌍히 여기라는 표현은 잘 보이지 않습니다. 그건 아마도 남자들은 가만 놔둬도 자기 혼자 홀아비의 상황을 잘 벗어나니까 하나님이 그렇게 하신 것 같습니다. 성경에 과부를 불쌍히 여기라는 것은 보기 좋지 않다는 겁니다.

성경에서 독처하는 것이 좋지 못했다고 그랬습니다. 독처라는 말은 혼자 사는 것을 말합니다. 혼자 사는 것은 좋지 못한 겁니다. 성경의 창세기 2장에서 하나님은 그 원리를 말씀합니다. 사람이 혼자 있는 것을 하나님은 좋게 보시지 않으셨습니다.

육신의 배필뿐만 아니라 사역의 배필, 사업의 배필 등 우리의 삶에서 혼자 하는 것은 보기에 좋지 않습니다. 하나님의 일, 사역도 배필이 붙어야 역사합니다. 목회하는 것도 목사님 혼자 하는 것이 아닙니다. 사역의 배필이 있을 때 하나님의 역사가 일어나는 겁니다. 저도 저 혼자 하는 것이 아닙니다. 제 옆에 사모가 사역의 배필로 반주로 도와주니까 하나님의 일이 더 확장되는 겁니다. 저도 사모가 없으면 못 합니다.

부목사님들도 마찬가지입니다. 사역의 배필로 함께 교회의 일들을 해나가니까, 그 가운데 하나님의 역사가 일어나는 겁니다. 사역의 배필로 함께하는 이들이 있기 때문에 하나님의 역사들이 일어나는 겁니다.

사업의 배필도 동일합니다. 혼자 사업하는 것보다 사업에 대해서 배필이 붙어주면, 그 사업은 커지는 겁니다. 물질의 배필, 사건의 배필도 혼자 하는 것보다 함께 할 때 해결이 되는 겁니다.

그러니까 하나님은 이와 같이 다양한 배필을 우리 주위에 준비를 해 놓고, 우리를 도우기 위하여 기다리고 계십니다. 그런데 왜 이 배필이 우리에게 빨리 안 나타나느냐? 그건 이유가 있습니다.

배필의 원리가 일어나지 않는 이유

하나님께서 배필의 원리를 우리에게 주셨는데, 배필의 원리가 성경에 어떻게 나타나는지 살펴보겠습니다. 하나님이 아담을 만드신 뒤에 배필을 만들기 위해서 첫 번째 하신 일이 뭡니까?

창세기 2장 21절을 읽어봅시다.

"여호와 하나님이 아담을 깊이 잠들게 하시니 잠들매 그가 그 갈빗대 하나를 취하고 살로 대신 채우시고"(창 2:21).

하나님이 아담을 깊이 잠들게 하셨습니다. 아담이 한 번 자고 일어나니까, 하와라는 배필이 나타난 겁니다. 아담이 한 것은 잠을 자고 일어난 것뿐입니다. 배필을 위해서 아담이 한 건 없습니다.

그런데, 이건 영적 의미가 강합니다. 아담이 **"예수님의 모형"**이라고 했습니다. 아담이 깊이 잠들었다는 그냥 잔 것을 말하는 게 아닙니다. 바로 그리스도의 죽음을 말합니다. 아담이 깊이 잠든 상태에서 갈빗대 하나가 나왔습니다. 예수님이 십자가에서 죽으실 때 옆구리에 창을 찌르니까 피와 물이 나왔습니다. 예수님이 십자가에서 흘리신 피와 물이 여러분과 저의 죄를 용서하고, 그리스도의 신부로 만든 겁니다.

여러분과 제가 예수 그리스도의 신부가 된 것은 십자가에서 흘리신 예수 그리스도의 피 때문입니다. 이 원리를 하나님이 인간을 처음 창조할 때, 설계할 때 집어넣어 놓은 겁니다. 믿습니까?

육신의 배필, 사업의 배필, 이 모든 배필도 원리는 동일합니다. 지금 여러분들이 왜 나에게는 배필이 안 생기냐 하는 사람이 있을 겁니다.

'왜 나에게는 배필이 안 생길까?'

혹은 배필이 생겼는데, 세상에 안 만나야 될 사람을 만났다고 생각하는 사람도 있을 겁니다. 제가 육신의 배필인 아내랑 결혼하고 생각했던 것처럼 말입니다. 여러분, 잘 들으셔야 합니다.

아담이 하와라는 배필을 얻을 때, 하나님이 하신 일이 뭡니까? 네, 깊이 잠들었습니다. 잠들었다는 것은 죽는 겁니다. 우리가 배필이 안 생긴다는 것은 아직 우리의 자아가 죽지 않았기 때문입니다. 우리의 자아가 죽어야 됩니다.

죽음이라는 깊은 잠

예수님이 십자가에서 죽으심으로 성도를 그리스도의 신부, 배필로 맞이한 것처럼 우리가 십자가의 잠에 들어가야 합니다. 오실 자이신 예수 그리스도처럼 우리의 자아가 안 죽으면 하나님이 우리의 자아가 죽을 때까지 배필을 주시지 않습니다. 배필이 대기상태에 있다는 겁니다. 여러분 주위에 도와주려고 대기하고 있다는 겁니다. 우리가 깊이 잠들어야 됩니다. 예수님이 십자가에서 잠든 것처럼 우리가 죽어야 됩니다. 믿습니까?

우리가 죽으면, 육신의 배필도 변화시킵니다. 우리가 십자가의 잠 속으로 들어가 죽으면, 우리 주위에 우리를 돕는 육신의 배필뿐만 아니라 사역의 배필, 사업의 배필, 물질의 배필, 사건의 배필을 하나님께서 일으켜 주십니다. 우리에게 이끌어주십니다.

사도 바울은 갈라디아 2장 20절에서 우리 자아가 철저히 죽어야 한다고 말합니다.

갈라디아서 2장 20절을 읽어봅시다.

"내가 그리스도와 함께 십자가에 못 박혔나니 그런즉 이제는 내가 산 것이 아니요 오직 내 안에 그리스도께서 사신 것이라 이제 내가 육체 가운데 사는 것은 나를 사랑하사 나를 위하여 자기 몸을 버리신 하나님의 아들을 믿는 믿음 안에서 사는 것이라"(갈 2:20).

고린도후서 4장 10-11절도 읽어봅시다.

"우리가 항상 예수 죽인 것을 몸에 짊어짐은 예수의 생명도 우리 몸에 나타나게 하려 함이라 우리 산 자가 항상 예수를 위하여 죽음에 넘기움은 예수의 생명이 또한 우리 죽을 육체에 나타나게 하려 함이니라"(고후 4:10-11).

이 말씀을 우리가 깊이 상고해야 합니다. 사도 바울은 우리 산 자가 항상 예수를 위하여 죽음에 넘기라고 말합니다. 사도 바울은 고린도 교인들에게 이 죽음의 교리에 대해서 깊이 가르치고 있습니다. 또한 바울이 로마서부터 히브리서까지 바울 서신에서 여러 가지 말을 많이 하는 것 같아도 전하고 싶은 마지막 말은 결국 사람은 죽어야 한다는 겁니다. 이 죽음은 육체의 죽음이 아니라 자아의 죽음을 강조하고 있습니다.

사도 바울이 전하는 이 말씀은 이 시대를 살아가고 있는 우리에게도 해당됩니다. 우리의 자아가 죽어야 합니다. 우리의 자아가 죽을 때 배필은 일어납니다. 사도 바울이 강조하는 것은 우리 산 자가 항상 예수를 위하여 죽음에 넘기는 겁니다. 여기서 '우리 산 자'라는 것은 우리의 자아를 말하는 겁니다.

여러분, 우리의 자아가 살아난 것은 언제인지 아십니까? 하나님께서 창조하실 때가 아니라 선악과를 따먹을 때 우리의 자아가 생긴 겁니다. 선악과를 따먹기 전에는 우리의 모든 의지, 뜻, 견해가 하나님 한 분밖에 없었습니다. 그런데 선악과를 먹으면서 인간의 자아가 생긴 겁니다.

인간에게 고집이 생기고, 자기의 뜻이 생긴 겁니다. 자기 견해가 생겨서 자기 마음대로 살아가는 것이 바로 산 자라고 말하는 겁니다. 인간의 뜻, 의지, 견해가 산다는 겁니다. 이것이 바로 선악과를 따먹으면서 생긴 건데, 사도 바울은 그것을 예수를 위하여 죽음에 넘기라고 말한 겁니다.

"우리 산 자가 항상 예수를 위하여 죽음에 넘기라."

죽음에 넘기라는 것을 우리가 그냥 읽으면, 이 말씀이 피동적으로 됩니다. 죽음에 넘긴다는 것은 우리 산 자를 죽음에 넘긴다는 대상이 있어야 합니다. 대상없이 자기 혼자 스스로 죽을 수는 없습니다.

그럼, 어떤 대상 앞에 죽으라는 겁니까? 실제 적용을 시켜보면, 무엇이 죽는다는 것입니까? 예를 들면, 주일을 이야기 해보겠습니다. 주일은 하나님께 예배를 드리는 날입니다. 하나님의 뜻은 주일에 교회에 와서 예배를 드리는 겁니다. 토요일이 됐는데, 주일에 교회에 가지 못할 이유들이 많이 생깁니다. 결혼식도 있고, 등산도 가야하고, 데이트도 해야 합니다. 친구들도 만나자고 합니다. 그러면, 주일에 하나님의 뜻은 교회에서 가서 예배를 드리는 것이고, 그 외에 일어나는 것들은 모두 자기의 뜻입니다. 여기서 교회에 가는 것은 자신의 자아를 죽인 것이고, 교회에 가지 않고 자기 생각대로 하는 것은 자신의 자아가 안 죽었다는 겁니다.

이럴 때 이걸 어떻게 해야 하는가? 하나님의 뜻 앞에 자기의 생각을 포기하고 굴복시키고, 주일에 교회를 왔다는 것은 우리 산 자가 예수를 위하여 죽음에 넘긴다는 겁니다. 아멘.

그러니까 이 말씀을 피동적으로 생각하면 안 됩니다. 구체적으로 우리의 삶 속에서 항상 아버지 하나님의 뜻이 왕 노릇해야 됩니다. 우리는 깊이 잠자야 됩니다. 하나님 앞에서 철저히 죽고, 깊이 잠자면 하나님이 배필의 복을 주십니다.

그래서 하나님은 '우리가 죽었나, 안 죽었나' 우리를 시험하기 위해서 우리의 삶 속에 죽음의 대상을 이렇게 딱 붙여본단 말입니다.

여러분이 이 말씀을 가슴에 간직하고 집으로, 사회로 가면 어떤 일이 일어나는지 아십니까? 하나님이 내 자아가 죽었는지 안 죽었는지 시험하십니다. 한 번 찔러보십니다. 시비를 겁니다. 남편이, 아내가 시비를 겁니다.

"아이고 꼭 밥 처먹는 꼴을 보니까."

이러면, 여러분의 자아가 죽었으면 그냥 '아멘' 하고 넘어갑니다. 그런데 자아가 죽지 않으면, 곧바로 반응을 합니다.

"그래, 처먹는 꼴이 어떻게 됐다고, 너는."
"너는?"

이러면서 싸웁니다. 이런 상황이 되면, 설교를 헛듣고 온 겁니다. 하나님의 말씀을 듣고, 하나님의 말씀대로 살려고 하는 사람들에게 하나님이 이렇게 자아가 죽었는지, 안 죽었는지 시험을 하십니다.

자아가 죽지 않고 싱싱하게 살아있는 사람은 그 시험에 즉각적으로 반응을 합니다. 그리고 하나님의 말씀은 저 멀리 가버리고,

자신의 뜻과 생각대로 살아갑니다.

하나님은 가정뿐만 아니라 직장에서 또 사회생활 속에서 계속 이런 시험들을 주십니다. 반복적으로 우리의 자아가 죽음에 넘겨졌는지 시험하십니다. 때로는 정말 억울한 일들도 찾아옵니다. 그럴 때 여러분이 생각해야 합니다.

'아! 하나님이 지금 나를 시험하고 있구나!'

이런 생각을 하고 우리 산 자가 예수를 위하여 죽음에 넘기시기를 바랍니다.

"우리 산 자가 예수를 위하여 죽음에 넘기자."

우리가 죽음을 넘기면, 하나님은 정말 우리가 죽음을 넘겼는지 시험하십니다. 평상시에 괜찮았던 사람도 자꾸 혈기를 부리게 합니다.

제가 처음 믿음생활을 시작할 때 친누나와 있었던 일입니다. 저는 어릴 때 공부하기 위해서 친누나하고 같이 서울에서 자취했습니다. 어느 주일날, 교회에서 은혜를 좀 받으면 같이 교회를 갔던 누나가 집에 오자마자 시비를 걸어옵니다.

"뭐, 발을 안 씻고 이불 속에 들어 가냐?"

그냥, 시비를 겁니다. 방에 들어오지도 말라고 합니다. 저는 누나하고 5살 차이인데도 우리 집에 아들이 귀해 가지고 어릴 때부터 우리 누나를 이겨 먹고 살았습니다. 누나가 시집가기 전까지, 제 마음대로 했습니다. 가끔 머리채도 잡아 뜯고 정말 제 마음대로 했습니다. 그냥 어머니가 제 기를 살려놔 가지고 참지 못합니다.

주일날 은혜를 받았는데도 시비를 걸면, 그걸 못 참았습니다. 그냥 일어나서 '쉬익' 거리면서 누나한테 갑니다. 그러면 누나가 도망갑니다.

"아이고, 주여 아버지, 또 시작하나이다."

이렇게 생각하고 참으면 되는데, 그렇게 하지 못했습니다. 그리고 그다음 주일날, 교회를 가려면 얼마나 마음이 무거운지, 그냥 예배에 은혜가 하나도 안 됐습니다. 무거운 짐을 나 홀로 지면, 얼굴도 새카맣게 해가지고 예배를 드렸습니다. 예배가 다 끝날 때 이제 회개를 깊이 하면, 또 하나님의 기쁨이 좀 옵니다.

"아이, 다시는 이제 내 자아가 안 살아야지."

이렇게 결심을 하고, 다시 시작할 결심을 했습니다. 그다음에 또 학교 가니까, 옆에 있는 친구가 또 자꾸 시비를 겁니다. 그러면, 결심은 다 없어지고 똑같이 행동합니다. 이런 게 지금까지 계속 되고 있는 겁니다. 이게 힘든 겁니다.

우리 산 자가 예수를 위하여 죽음에 넘긴다는 게 쉬운 일이 아닙니다. 여러분, 우리가 안 죽으면 계속 하나님이 죽을 수 있도록 뚜껑이 열리는 사건을 앞에다 갖다 붙여주십니다.

"완전히 죽자."

자아를 죽인 다윗

성경에 보면, 다윗도 자아를 완전히 죽입니다. 하나님이 다윗을 완성시킬 때, 베들레헴에 사는 다윗에게 사무엘을 보내서 기름 뿔을 취하여 성령의 기름을 부어주셨습니다. 그날부터 다윗은 예루살렘 왕의 수업을 받았습니다. 하나님이 다윗을 완전히 죽여가지고 쓰시려고 계속 시험을 하십니다. 완전히 죽여서 쓰시려고 말입니다.

사무엘상 24장 1-11절을 읽어봅시다.

"사울이 블레셋 사람을 따르다가 돌아오매 혹이 그에게 고하여 가로되 보소서 다윗이 엔게디 황무지에 있더이다 사울이 온 이스라엘에서 택한 사람 삼천을 거느리고 다윗과 그의 사람들을 찾으러 들염소 바위로 갈쌔 길 가 양의 우리에 이른즉 굴이 있는지라 사울이 그 발을 가리

우러 들어가니라 다윗과 그의 사람들이 그 굴 깊은 곳에 있더니 다윗의 사람들이 가로되 보소서 여호와께서 당신에게 이르시기를 내가 원수를 네 손에 붙이리니 네 소견에 선한대로 그에게 행하라 하시더니 이것이 그 날이니이다 다윗이 일어나서 사울의 겉옷자락을 가만히 베니라 그리한 후에 사울의 옷자락 벰을 인하여 다윗의 마음이 찔려 자기 사람들에게 이르되 내가 손을 들어 여호와의 기름 부음을 받은 내 주를 치는 것은 여호와의 금하시는 것이니 그는 여호와의 기름 부음을 받은 자가 됨이니라 하고 다윗이 이 말로 자기 사람들을 금하여 사울을 해하지 못하게 하니라 사울이 일어나 굴에서 나가 자기 길을 가니라 그 후에 다윗도 일어나 굴에서 나가 사울의 뒤에서 외쳐 가로되 내 주 왕이여 하매 사울이 돌아보는지라 다윗이 땅에 엎드려 절하고 사울에게 이르되 다윗이 왕을 해하려 한다고 하는 사람들의 말을 왕은 어찌하여 들으시나이까 오늘 여호와께서 굴에서 왕을 내 손에 붙이신 것을 왕이 아셨을 것이니이다 혹이 나를 권하여 왕을 죽이라 하였으나 내가 왕을 아껴 말하기를 나는 내 손을 들어 내 주를 해치 아니하리니 그는 여호와의 기름 부음을 받은 자가 됨이니라 하였나이다 나의 아버지여 보소서 내 손에 있는 왕의 옷자락을 보소서 내가 왕을 죽이지 아니하고 겉옷자락만 베었은즉 나의 손에 악이나 죄과가 없는 줄을 아실찌니이다 왕은 내 생명을 찾아 해하려 하시나 나는 왕에게 범죄한 일이 없나이다"(삼상 24:1-11).

하나님이 사울을 통하여 다윗을 괴롭히는 겁니다. 사울이 3,000명의 군대를 데리고 다윗을 죽이려고 계속 따라다녔습니다. 중동 지방은 날씨가 덥지 않습니까? 다윗의 경호원은 몇 명밖에 안 됩니다. 한 10명밖에 안 됩니다. 사울의 3,000명의 군대와 다윗은 그 자리에서 실력 대 실력으로는 결코 이길 수가 없습니다. 그러니까 그때 다윗은 군대가 적고 힘이 없기 때문에 산속으로 들어가서 유격전으로 들어갈 수밖에 없었습니다.

다윗이 바위틈을 따라서 도망가니까 3,000명 군대라도 못 따라오는 겁니다. 이리 피하고 저리 피했습니다. 이렇게 가다가 다윗이 죽을 수 있는 가능성이 컸습니다. 하루는 다윗이 더워서 바위틈에 있는 큰 동굴을 보고 말했습니다.

"얘들아, 너무 힘들다. 우리가 이 높은 산에까지 숨어서 왔으니 사울이 여기까지는 못 따라오겠지. 그래, 우리 여기서 잠깐 쉬다 가자."

그래서 굴속에 들어갔습니다. 굴속에 들어가서 쉬었습니다. 중동이나 미국의 서부 캘리포니아의 날씨는 굉장히 더워도 우리나라처럼 습기가 많지 않아서 나무그늘 밑에만 가면 시원합니다. 굴속에 딱 들어가니까, 시원합니다. 제가 어릴 때 시골에서 소한테 풀을 먹이려고 산에 가면, 굴이 있었습니다. 그 굴속에 들어가면 시원합니다. 여름에 에어컨을 틀어놓은 것처럼 시원합니다.

다윗이 굴속에 들어와서 다윗의 친위대에게 말합니다.

"아휴, 좀 쉬다 가자. 너희들도 여기서 한 잠을 자라."

다윗이 굴속에 들어가서 있는데, 세상에 사울이 군대 3,000명을 데리고 바로 굴 앞까지 왔습니다. 사울도 다윗처럼 비슷하게 생각했습니다.

"오, 여기 시원한 굴이 있으니 우리도 좀 쉬고 가자. 너희들이 바깥에서 보초 서라 내가 한잠 자고 나올테니."

그렇게 굴로 들어갔는데, 마침 같은 굴로 들어간 겁니다. 사울이 굴에 들어갔는데, 다윗을 보지 못했습니다. 여러분, 극장에 들어간 사람들은 다 경험했을 겁니다. 불이 꺼진 상태에서 극장에 들어가면, 극장 안이 전혀 보이지 않잖습니까? 안에 사람이 있는지, 없는지 전혀 알 수 없습니다. 자리를 찾기 위해서 막 더듬고 그러잖습니까? 그럼, 먼저 들어간 사람이 생각합니다.

"아이구, 여기 길이 있는데, 그렇게 가면 될 텐데. 그것도 모르냐?"

이런 생각을 합니다. 먼저 들어간 사람은 그 상태가 다 보이지만, 나중에 들어온 사람은 전혀 보이지 않습니다. 그런 현상이 다윗과 사울 사이에서 일어난 겁니다. 다윗은 먼저 들어가서 보니까, 눈이 적응이 돼 가지고 어두운 데서도 보입니다. 사울은 늦게 들어가니까 눈이 적응이 안 된 상태에서 다윗을 보지 못한 겁니다.

사울이 엉금엉금 기어 가지고 오더니, 중간에 턱 누웠습니다. 그리고 코를 골면서 자는 겁니다. 다윗이 굴 뒤에서 조마조마 하면서 긴장하고 있었습니다. 그때에 다윗의 신하가 이렇게 말했습니다.

"하나님이 기회를 주신 것 같으니까, 바로 잠자는 저 목에다가 칼을 그냥 탁 꽂아서 죽여 버립시다."

그때 다윗이 하늘이 감동되는 일을 합니다.

"내가 칼을, 단검을 뽑아서 사울을 죽일 수 있어. 하지만, 이것은 하나님의 뜻이 아니야. 기름 부음을 받은 주의 종에게 내가 손을 대지 아니하리."

그때 사울은 하나님이 기름 부어 쓰다가 버린 상태였습니다. 하나님은 버렸어도 기름 부음을 받은 모양은 가지고 있는 겁니다.

"주의 종에 대해선 내가 손대지 아니하리."

다윗이 이 말을 하고 사울의 몸에 손을 대지 않았습니다. 그때 다윗이 사울을 죽이지 않으면, 사울이 실컷 자고 일어나서 눈이 적응이 되면 다윗을 보게 될 가능성이 컸습니다. 사울이 다윗을 보면, 어떻게 하겠습니까? 거기서 다윗을 바로 죽일 겁니다. 그럼에도 다윗은 사울을 죽이지 않았습니다.

다윗은 설령 사울에게 죽임을 당할지라도 자신의 의지를 쓰지 아니하겠다는 굳건한 믿음이 있었습니다. 이게 바로 자신의 자아를 죽이는 겁니다. 예수님을 다윗의 자손이라고 했습니다. 그만큼 하나님이 감동한 겁니다. 하나님의 뜻, 의지, 견해보다 자신의 뜻, 의지, 견해를 내세우지 않는 믿음을 하나님이 보신 겁니다.

극적인 상황에서 다윗은 선택했고, 사울은 일어나자마자 동굴 밖으로 나갑니다. 그리고 얼마 후에 다윗도 동굴을 나옵니다. 그리고 다윗이 사울을 보고 외칩니다.

"사울 임금님, 조금 전에 굴에서 잠잘 때, 나도 안에서 같이 잠을 잤습니다. 왕께서 코를 골며 잘 때 내가 단검을 뽑아 처치할 수 있었어도 나는 하나님의 뜻을 어기지 않기 위하여 칼을 쓰지 않았습니다. 내 말이 거짓말이 아니란 것을 가르쳐 드리기 위해서 왕이 잠잘 때 내가 옷을 조금 잘랐습니다. 지금 밑을 보세요. 옷 잘린 자국이 있나."

그리고 잘린 옷 조각을 들면서, '왕이여 어찌하여 나에게 이렇게 합니까?' 하고 자신의 심정을 토로합니다. 기가 막힌 겁니다. 사울은 자신보다 인기가 많은 다윗을 질투하고 자신의 왕위를 사수하기 위해서 아무런 죄가 없는 다윗을 죽이기 위해서 쫓아다니고 있었습니다. 자신의 뜻, 의지, 견해대로 살고 있었습니다.

하지만, 다윗은 자신의 뜻, 의지, 견해를 내려놓고 하나님의 뜻,

의지, 견해대로 살고 있었습니다. 여기서 사울의 인격과 다윗의 인격이 차이가 나는 겁니다. 사울의 믿음과 다윗의 믿음은 하늘과 땅 차이입니다.

사울은 다윗의 이야기를 듣고 자신의 자아를 내려놓지 못합니다. 사무엘상 24장 16-22절을 읽어봅시다.

"다윗이 사울에게 이같이 말하기를 마치매 사울이 가로되 내 아들 다윗아 이것이 네 목소리냐 하고 소리를 높여 울며 다윗에게 이르되 나는 너를 학대하되 너는 나를 선대하니 너는 나보다 의롭도다 네가 나 선대한 것을 오늘 나타내었나니 여호와께서 나를 네 손에 붙이셨으나 네가 나를 죽이지 아니하였도다 사람이 그 원수를 만나면 그를 평안히 가게 하겠느냐 네가 오늘날 내게 행한 일을 인하여 여호와께서 네게 선으로 갚으시기를 원하노라 보라 나는 네가 반드시 왕이 될것을 알고 이스라엘 나라가 네 손에 견고히 설 것을 아노니 그런즉 너는 내 후손을 끊지 아니하며 내 아비의 집에서 내 이름을 멸하지 아니할 것을 이제 여호와로 내게 맹세하라 다윗이 사울에게 맹세하매 사울은 집으로 돌아가고 다윗과 그의 사람들은 요새로 올라가니라"(삼상 24:16-22).

사울의 맹세가 자신의 자아를 내려놓지 못함을 고백하고, 이제 하나님의 뜻, 의지대로 살겠다는 것 같았지만, 사울은 자신의 자아를 내려놓지 못했습니다. 다시 다윗을 죽이기 위해서 쫓습니다. 그리고 다윗에게 사울을 죽일 수 있는 기회가 또 찾아옵니다.

사무엘상 26장 1-25절을 읽어봅시다.

"십 사람이 기브아에 와서 사울에게 이르러 가로되 다윗이 광야 앞 하길라산에 숨지 아니하였나이까 사울이 일어나 십 황무지에서 다윗을 찾으려고 이스라엘에서 택한 사람 삼천과 함께 십 황무지로 내려가서 광야 앞 하길라산 길 가에 진 치니라 다윗이 황무지에 있더니 사울이 자기를 따라 황무지로 들어옴을 깨닫고 이에 탐정을 보내어 사울이 과연 이른줄 알고 일어나 사울의 진 친 곳에 이르러 사울과 넬의 아들 군대장관 아브넬의 유하는 곳을 본즉 사울이 진 가운데 누웠고 백성은 그를 둘러 진 쳤더라 이에 다윗이 헷 사람 아히멜렉과 스루야의 아들 요압의 아우 아비새에게 물어 가로되 누가 나로 더불어 진에 내려가서 사울에게 이르겠느냐 아비새가 가로되 내가 함께 가겠나이다 다윗과 아비새가 밤에 그 백성에게 나아가 본즉 사울이 진 가운데 누워 자고 창은 머리 곁 땅에 꽂혔고 아브넬과 백성들은 그를 둘러 누웠는지라 아비새가 다윗에게 이르되 하나님이 오늘날 당신의 원수를 당신의 손에 붙이셨나이다 그러므로 청하오니 나로 창으로 그를 찔러서 단번에 땅에 꽂게 하소서 내가 그를 두번 찌를 것이 없으리이다 다윗이 아비새에게 이르되 죽이지 말라 누구든지 손을 들어 여호와의 기름 부음을 받은 자를 치면 죄가 없겠느냐 또 가로되 여호와께서 사시거니와 여호와께서 그를 치시리니 혹 죽을 날이 이르거나 혹 전장에 들어가서 망하리라 내가 손을 들어 여호와의 기름 부음을 받은 자를 치는 것을 여호와께서 금하시나니 너는 그의 머리 곁에 있는 창과 물병만 가지고 가자 하고 다윗이 사울의 머리 곁에서 창과 물병을 가지고 떠나가되 깨든지 이를 보든지 알든지 하는 사람이 없었으니 이는 여호와께서 그들로 깊이 잠들게 하셨으므로 그들이 다 잠이었더라 이에 다윗이 건너

편으로 가서 멀리 산꼭대기에 서니 상거가 멀더라 다윗이 백성과 넬의 아들 아브넬을 대하여 외쳐 가로되 아브넬아 너는 대답지 아니하느냐 아브넬이 대답하여 가로되 왕을 부르는 너는 누구냐 다윗이 아브넬에게 이르되 네가 용사가 아니냐 이스라엘 중에 너 같은 자가 누구냐 그러한데 네가 어찌하여 네 주 왕을 보호하지 아니하느냐 백성 중 한 사람이 네 주 왕을 죽이려고 들어갔었느니라 네 행한 이 일이 선치 못하도다 여호와께서 사시거니와 여호와의 기름 부음 받은 너희 주를 보호하지 아니하였으니 너희는 마땅히 죽을 자니라 이제 왕의 창과 왕의 머리 곁에 있던 물병이 어디 있나 보라 사울이 다윗의 음성을 알아 듣고 가로되 내 아들 다윗아 이것이 네 음성이냐 다윗이 가로되 내 주 왕이여 내 음성이니이다 또 가로되 내 주는 어찌하여 주의 종을 쫓으시나이까 내가 무엇을 하였으며 내 손에 무슨 악이 있나이까 청컨대 내 주 왕은 이제 종의 말을 들으소서 만일 왕을 격동시켜 나를 해하려 하는 이가 여호와시면 여호와께서는 제물을 받으시기를 원하나이다마는 만일 인자들이면 그들이 여호와 앞에 저주를 받으리니 이는 그들이 이르기를 너는 가서 다른 신들을 섬기라 하고 오늘날 나를 쫓아내어 여호와의 기업에 붙지 못하게 함이니이다 그런즉 청컨대 여호와 앞에서 먼 이곳에서 이제 나의 피로 땅에 흐르지 말게 하옵소서 이는 산에서 메추라기를 사냥하는 자와 같이 이스라엘 왕이 한 벼룩을 수색하러 나오셨음이니이다 사울이 가로되 내가 범죄하였도다 내 아들 다윗아 돌아오라 네가 오늘 내 생명을 귀중히 여겼은즉 내가 다시는 너를 해하려 하지 아니하리라 내가 어리석은 일을 하였으니 대단히 잘못 되었도다 다윗이 대답하여 가로되 왕은 창을 보소서 한 소년을 보내어 가져가게 하소서 여호와께서 각 사람에게 그 의와 신실을 갚으시리니 이는 여호와께서 오늘날 왕을 내 손에 붙이셨으되 나는 손을 들어 여호와의 기름 부음을 받은 자 치기를 원치 아니하였음이니이다 오늘날 왕의 생명을 내가 중히 여긴것 같이 내 생명을 여호와께서 중히 여기셔서 모든 환난에서 나를 구하여 내시기를 바라나이다 사울이 다윗에게 이르되 내 아들 다윗아 네게 복이 있을찌로다 네가 큰 일을 행하겠고 반드시 승리를 얻으리라 하니라 다윗은 자기 길로 가고 사울은 자기 곳으로 돌아가니라"(삼상 26:1-25).

 이번에도 사울을 죽일 수 있었지만, 여호와의 기름 부음 받은 사울을 죽이지 않고 왕의 창과 왕의 머리 곁에 있던 물병만 취하고 나왔습니다. 다윗은 철저히 자신의 자아를 죽이는 사람이었습니다. 그래서 하나님께서 다윗을 향하여 내 마음에 합한 자라고 말씀하신 겁니다.

 이 사건 이후에 사울은 죽었습니다. 다윗은 엔게디 동굴에서 나온 뒤에 헤브론의 왕으로 세움을 받습니다. 쫓겨 다니는 모든 고난이 다 끝이 나버렸습니다. 헤브론이라고 하는 것은 라틴어로 바뀌어서 이게 나중에 영어에서 천국을 말하는 어근이 됐습니다. 바로 heaven입니다. 천국을 뜻하는 heaven이 바로 헤브론에서 시작된 겁니다.

 다윗이 천국 생활로 돌아갔다는 겁니다. 이 땅에 있으면서 천국 생활로 들어갔다는 겁니다. 그 후에 다윗이 다시 예루살렘 왕으로 세워집니다. 헤브론에서 7년을 있다가 예루살렘 왕으로 옮겨가게 됩니다. 아멘.

다윗의 모든 환란이 끝났고, 다윗에게는 시온의 대로가 열린 겁니다. 어떤 사건 이후로 이런 일이 일어난 겁니까? 바로 엔게디 동굴 사건입니다. 이게 다윗의 인생에서 결정타입니다.

반복 되는 이야기이지만, 다윗은 자기를 죽이려고 하는 사울을 한 칼에 죽일 수 있는 기회가 있었음에도 기름 부은 하나님의 종에는 내가 손대지 아니하리라는 믿음을 보여줬습니다. 다윗이 하나님 앞에 자기의 뜻과 의지를 죽였습니다. 그래서 예수님을 다윗의 자손이라고 불렀습니다. 예수님의 조상에 아브라함도 있고, 수많은 사람들이 있는데 예수님을 다윗의 자손이라고 불렀습니다. 그건 예수님이 십자가에 죽은 형태를 그대로 사건 속에 옮겨 놓았기 때문입니다. 다윗은 이만큼 자신을 철저히 죽인 겁니다. 이건 정말 대단한 겁니다.

자아의 죽음

오늘날에도 하나님은 여러분과 저를 막다른 골목으로 몰고 가십니다. 도저히 참을 수 없는 상태로 엔게디 동굴로 몰고 갈 때가 있습니다. 그때 많은 사람들이 불합격을 합니다. 우리는 불합격하면 안 됩니다. 불합격하면, 계속 일이 되풀이 됩니다. 그런 일이 일어나고, 또 일어나는 겁니다. 다윗처럼 우리는 1차 시험에 합격합시다. 아멘.

다윗은 초자연적인 사람입니다. 하나님이 우리의 삶 속에서 계속하여 엔게디의 사건을 일으킵니다. 거기서 못 참고 우리는 혈기 부리고 또 폭발합니다. 어떤 때는 정말 억울한 일들이 생기기도 합니다. 그런데 억울해봤자 다윗보다 더 억울하겠습니까?

하나님은 우리에게 말씀합니다.

"빨리 네 자아를 죽여라!"

내 자아가 죽으면, 내 옆에 있는 원수도 변화가 됩니다. 아멘. 이렇게 하나님은 죽음의 원리, 깊이 잠자는 원리를 통해서 우리를 인도하십니다. 창세기 2장을 통해 하나님이 우리에게 설명해 주셨습니다. 잠자는 원리를 통해 도움을 주는 배필이 일어납니다. 여러분에게 배필의 도우미가 많이 일어나기를 바랍니다.

그런데, 우리의 일상에서 도움을 주는 배필이 자주 일어나지 않습니다. 왜냐하면 우리가 엔게디의 잠을 못 자기 때문입니다. 다윗같이 자신의 자아를 죽이는 엔게디의 잠에 들지 못하기 때문입니다.

우리가 이리저리 피해도 결국 또 만나는 지점은 거기입니다. 하나님이 우리를 거기로 몰고 가기 때문입니다. 더 이상 피할 길이 없는 겁니다. 피한다고 끝나는 게 아닙니다. 그러니까 우리는 엔게디 굴속에서 다윗이 한 것처럼, 자아의 뜻, 의지, 견해를 죽이고, 하나님의 뜻, 의지, 견해를 따라 가야 합니다. 우리 산 자가 예수를 위하여 죽음에 넘겨야 합니다. 그래야 배필이 일어납니다.

여러분, 우리가 자아를 죽이지 않으면, 우리 자아를 죽이기 위해서 제일 가까이 있는 사람을 씁니다. 제일 가까이 있는 사람은 누구입니까? 남편, 아내, 가족입니다. 제일 가까이 있는 사람이 서로 찌르게 만듭니다. 그리고 직장에서도 가까이 있는 동료들이 찌릅니다. 내 주위에 있는 사람들을 통해서 찌릅니다. 그렇게 해서 우리의 자아가 죽도록 하십시오.

가정이나 직장이나 사회에서 하나님이 만들어 놓은 십자가의 틀에서 우리는 철저히 죽어야 됩니다. 그리고 정말 힘든 것이 주의 종 앞에서 죽는 겁니다. 이게 쉽다고 생각하겠지만, 막상 이것이 내 앞에 나타나면 쉽게 자아를 죽이기가 어렵습니다.

"목사님 생각하고 달라요."
"내 생각이 맞아."

이렇게 자아의 생각이 살아납니다. 그래서 여기서 다 주저앉아 버립니다. 철저히 자아를 죽이는 것이 필요합니다. 우리 앞에 기회라고 생각하는 것도 하나님의 뜻에 맞지 않는 것이라면 그것을 하지 말아야 합니다. 다윗이 하나님의 뜻을 따른 것처럼 말입니다. 나를 인도하시는 목사들 앞에서 우리의 자아를 죽여야 합니다. 그럴 때 하나님의 엔게디 축복을 받을 수 있습니다. 여러분도

세월 오래 끌지 말고, '다윗의 자손 예수여' 이 소리가 나올 때까지 우리의 자아를 죽여야 합니다.

(기도)

"우리 모두 예수 그리스도의 신부가 되기를 원합니다. 그러기 위해서 먼저 우리의 자아를 죽이는 삶을 살게 하옵소서. 하나님의 뜻에 맞서지 않게 하옵소서. 우리의 자아를 죽여 다윗의 엔게디의 축복이 우리에게 임하게 하옵소서. 다윗의 자손 예수를 외치며 우리의 자아를 죽이고 하나님의 뜻에 순종하게 하옵소서. 예수 그리스도의 이름으로 기도하옵나이다. 아멘."

05

그리스도의 신부

에베소서 5장 22-33절

²²아내들이여 자기 남편에게 복종하기를 주께 하듯하라 ²³이는 남편이 아내의 머리 됨이 그리스도께서 교회의 머리 됨과 같음이니 그가 친히 몸의 구주시니라 ²⁴그러나 교회가 그리스도에게 하듯 아내들도 범사에 그 남편에게 복종할찌니라 ²⁵남편들아 아내 사랑하기를 그리스도께서 교회를 사랑하시고 위하여 자신을 주심 같이 하라 ²⁶이는 곧 물로 씻어 말씀으로 깨끗하게 하사 거룩하게 하시고 ²⁷자기 앞에 영광스러운 교회로 세우사 티나 주름잡힌 것이나 이런 것들이 없이 거룩하고 흠이 없게 하려 하심이니라 ²⁸이와 같이 남편들도 자기 아내 사랑하기를 제몸 같이 할찌니 자기 아내를 사랑하는 자는 자기를 사랑하는 것이라 ²⁹누구든지 언제든지 제 육체를 미워하지 않고 오직 양육하여 보호하기를 그리스도께서 교회를 보양함과 같이 하나니 ³⁰우리는 그 몸의 지체임이니라 ³¹이러므로 사람이 부모를 떠나 그 아내와 합하여 그 둘이 한 육체가 될찌니 ³²이 비밀이 크도다 내가 그리스도와 교회

에 대하여 말하노라 ³³그러나 너희도 각각 자기의 아내 사랑하기를 자기 같이 하고 아내도 그 남편을 경외하라

하나님은 처음 사람을 설계할 때부터 아담과 하와를 통해 배필의 원리를 만드셨습니다. 세상의 마지막인 요한계시록에서도 새 예루살렘이 내려오는데, 어린양의 아내로 마무리가 되어 있습니다. 성경 중간에도 배필의 원리들이 들어있습니다.

예를 들면, 아가서 같은 겁니다. 솔로몬과 술람미 여인의 이야기가 나오는데, 배필의 원리를 설명합니다. 호세아서를 봅시다. 타락한 고멜 신부가 어떻게 호세아의 아내가 되는지 나옵니다. 이게 전부 배필의 원리인 그리스도와 성도와의 원리를 설명하는 겁니다.

예수님이 육신으로 이 땅 계실 때 하신 열 처녀의 비유를 말씀하셨습니다. 예수님 자신을 신랑이라고 했고, 열 처녀를 신부라고 했습니다. 성경에는 배필의 원리들이 곳곳에 있습니다. 배필로 시작해서 배필로 끝납니다.

범사에 하나님은 우리를 배필의 원리로 살게 만들었습니다. "**육신의 배필, 사역의 배필, 사업의 배필, 물질의 배필, 사건의 배필.**" 이런 배필들을 통하여 하나님은 일을 하십니다.

그런데 내 삶에서 배필의 원리가 일어나지 않는다고 하는 사람들이 있습니다.

"왜, 나에게는 배필의 원리가 일어나지 않을까요?"
"왜 나에게는 돕는 배필이 안 생길까요?"

그 이유는 우리가 그리스도의 배필이 되지 않았기 때문입니다.

희생의 원리

성경을 보면, 아담에게 배필인 하와가 오기 위해서는 깊이 잠들어야 한다는 겁니다. 아담이 깊은 잠을 거치지 않고서는 하와를 맞이할 수 없습니다. 깊이 잠이 들어야 합니다. 여기서 깊이 잠드는 것은 곧 죽음이라고 합니다.

이것은 예수 그리스도의 죽음을 나타내는 겁니다. 예수 그리스도의 죽음이 없이는 그리스도의 신부인 성도를 맞이할 수 없는 겁니다. 아담이 깊이 잠들은 후에 하와를 배필로 맞이하듯이 예수 그리스도가 십자가의 죽음으로 성도를 배필로 맞이하는 겁니다.

예수 그리스도의 십자가의 죽음이 없다면, 성도는 결코 그리스도의 신부가 될 수 없는 겁니다. 예수 그리스도의 십자가의 죽음을 통해 우리가 다 구원을 받고 그리스도의 신부가 되는 겁니다.

믿습니까?

우리는 배필을 얻기 위해서 아담처럼 잠을 자야 하는데, 우리의 삶에서는 아담처럼 잠을 안 자려고 합니다. 잠자는 것은 죽음을 말하는데, 우리는 삶에서 죽지 않으니 배필을 맞이할 수 없는 겁니다.

우리를 위해서 준비해 놓은 다양한 배필의 원리들이 일어나지 않는 이유입니다. 죽지 않고 버티고 있으니 배필들을 맞이할 수 없는 겁니다. 배필의 역사가 내 삶에서 일어나지 않는 겁니다. 배필의 역사는 죽음을 통하여 일어납니다.

그럼, 여기서 죽음이란 뭡니까? 육체적으로 죽으라는 이야기가 아닙니다. 육체적으로 죽으면, 삶이 끝나는 거니까, 여기서 죽음이란 자아가 죽는 것을 말합니다. 우리 자아가 죽어야 나를 돕는 배필이 일어나는 겁니다.

여러분, 자신의 자아를 철저히 죽이시기 바랍니다. 배필의 원리는 자아의 죽음을 통하여 배필이 일어나는 겁니다. 자아의 죽음 없이 배필은 일어나지 않습니다. 우리에게 준비된 많은 배필들이 일어나기 위해서는 자아의 죽음의 과정이 꼭 필요합니다.

우리의 삶의 변화의 핵심은 잠자는 겁니다. 죽음이라는 **"잠자는 원리"**입니다. 배필의 핵심이 잠자는 원리라는 겁니다. 가정에서 육신의 배필인 남편과 아내 사이에 서로가 상대를 향하여 잠을 자라는 겁니다. 여기서 잠을 자라는 것은 **"희생"**을 말하는 겁니다. 주님이 십자가에서 자신을 희생하셨던 것처럼 남편은 아내를 위해, 아내는 남편을 위해 희생하는 겁니다. 희생하면, 배필의 변화가 일어나는 겁니다.

배필의 원리는 오실 자이신 예수님이 한 것처럼 하면 됩니다. 에베소서 5장을 보면 배필의 원리에 대해서 말씀하셨습니다.

에베소서 5장 22-24절을 읽어보겠습니다.

"아내들이여 자기 남편에게 복종하기를 주께 하듯 하라 이는 남편이 아내의 머리 됨이 그리스도께서 교회의 머리 됨과 같음이니 그가 친히 몸의 구주시니라 그러나 교회가 그리스도에게 하듯 아내들도 범사에 그 남편에게 복종할지니라"(엡 5:22-24).

하나님은 배필의 원리에 대해서 육신의 남편과 아내의 관계를 비유로 이야기했습니다. 여기를 보면, 남편들에게 아내 사랑하기를 그리스도께서 교회를 사랑하시고 그 교회를 위하여 자신을 주심 같이 하라고 했습니다. 이 말은 무서운 겁니다. 그리스도께서 교회를 위하여 한 것은 바로 십자가의 희생입니다. 그러니까 육신적인 부부가 만나서 사는데, 남편이 아내를 사랑하기를 십자가의 희생과 같이 사랑하라는 겁니다. 십자가의 희생이 없는 사랑에는 배필의 변화가, 배필의 효과가 안 생기는 겁니다. 서로가 서로에 대하여 십자가의 희생이 없다면, 배필의 원리가 일어나지 않는 겁니다. 하나님이 인간을 처음 설계한 설계의 원리에 그렇게 되어 있습니다. 이 원리를 모르면, 여러분의 가정에는 행복이 없습니다. 하늘나라에 갈 때까지 행복이 오지 않습니다.

"에이, 내가 어쩌다가 저런 사람을 만나서 이 꼴로 사나!"

자신의 배필을 향하여 이런 마음을 가지고 있다면, 여러분은 배필의 원리를 모르는 겁니다. 다른 사람을 만나도 똑같은 생각을 할 겁니다. 아니, 이전에 내가 욕하고 불평했던 사람이 더 나은 사람일 겁니다.

배필의 원리는 예수님이 십자가의 희생으로 사랑하듯 내가 희생의 원리를 행할 때 이루어진다는 겁니다. 하나님께서 주신 이 말씀의 원리를 깨닫고, 행하기 바랍니다.

우리가 십자가의 잠 속으로 들어가면, 상대방은 바로 돕는 배필로 일어섭니다. 하나님이 바로 가까이 갖다 붙여놓습니다. 다른 배필도 마찬가지입니다. 사업의 배필, 사역의 배필 등 여러분이 십자가의 잠 속으로 들어가면, 하나님이 여러분 옆에 붙여놓습니다.

그래서 지금 우리에게 필요한 것은 십자가의 잠입니다. 우리 자아가 죽으면 됩니다. 그러면 하와가 옵니다. 하나님은 이 세상에 있는 모든 제도를 통해서 예수 그리스도를 설명하십니다. 창세기 1장부터 하나님의 말씀을 읽으면 천지창조의 원리에서 "그리스도를 위하여," "그리스도에 의하여", "그리스도의 것으로" 모두 그리스도에 초점이 맞춰 있다는 것을 알 수 있습니다. "에덴동산의 원리", "선악과의 원리"도 그리스도에 초점이 맞춰 있습니다. 성경은 전부 예수의 이야기로 되어 있습니다. 하나님 속에는 예수밖에 없습니다.

배필의 원리는 예수님이 십자가에서 죽으면 수없이 많은 주님의 신부들이 일어난다는 겁니다. 여러분과 저도 결국 예수님이 십자가에서 죽으셔서 예수님의 피 때문에 그리스도의 신부로 하나님 앞으로 오게 된 겁니다. 우리가 예수 그리스도의 신부가 된 겁니다.

배필의 원리는 우리의 삶의 모든 과정에도 동일하게 일어납니다. 내가 그리스도의 십자가에 죽으면, 내 주위에 여러 가지 배필들이 바짝 붙어옵니다. 문제 해결은 멀리 있는 것이 아닙니다. 가까이에 있습니다. 내가 십자가에서 죽으면 됩니다.

예수 그리스도가 십자가에서 피를 흘려 그 피로 값을 주고 자기의 신부인 우리를 샀습니다. 그렇게 배필을 얻은 겁니다. 우리의 배필도 동일한 겁니다. 여러분 가정에 육신의 배필에도, 사역의 배필에도, 사업의 배필에도, 사건의 배필에도 동일한 겁니다.

그러니까 예수님이 십자가에서 피를 흘리신 십자가의 원리를 자신의 삶에 그대로 행하면 됩니다.

복종의 원리

에베소서 5장 22-25절을 다시 읽어봅시다.

"아내들이여 자기 남편에게 복종하기를 주께 하듯 하라 이는 남편이 아내의 머리 됨이 그리스도께서 교회의 머리 됨과 같음이니 그가 바로 몸의 구주시니라 그러므로 교회가 그리스도에게 하듯 아내들도 범사에 자기 남편에게 복종할지니라 남편들아 아내 사랑하기를 그리스도께서 교회를 사랑하시고 그 교회를 위하여 자신을 주심 같이 하라"(엡 5:22-25).

바로 앞에서 에베소서 5장의 말씀을 배필의 원리를 희생의 원리로 살펴보았는데, 이번에는 복종의 원리를 이야기하려고 합니다. 사도 바울이 아내들에게 이야기합니다. 남편에게 제1원리를 복종이라고 했습니다. **"복종하라."** 복종은 순종의 말보다 훨씬 강합니다. 순종은 어떤 말이 내게 이해가 되면 그것을 따르는 겁니다.

복종은 순종의 선을 넘어서 이해가 되지 않아도 자신에게 명령하는 자의 전체 인격을 믿고 따르는 겁니다.

"하나님은 너보다 더 낫겠지."

하나님을 믿고 일단은 따르는 것을 복종이라 그럽니다. 믿습니까? 순종은 뭐든지 다 생각해 보고 다 이해가 되고 납득이 될 때 따르는 겁니다. 복종은 이해가 되지 않고 납득이 되지 않아도 명령한 사람을 믿고 따르는 겁니다. 명령에 먼저 따르고 이해는 나중에 하는 겁니다. 이게 복종입니다. 복종과 순종은 이런 차이가 있습니다.

그런데 사도 바울이 아내들에게 이야기합니다.

"아내들이여, 남편에게 복종하라."

이것이 바로 배필이 되는 첫 번째 조건인 겁니다. 육신의 세계도 그런 것처럼 영적 세계도 동일합니다. 여러분이 신실한 그리스도의 배필이 되기를 원한다면, 복종해야 됩니다. 순종이 아니라 복종입니다. 그리스도의 배필이 되기 위해서는 그리스도에게 순종의 선을 넘어 복종을 해야 된다는 이야기입니다.

그런데 우리가 그리스도에게 복종을 하는 것 같지만 사실은 복종을 많이 못 합니다. 그러니까 우리가 그리스도의 신부의 자리로 못 가는 겁니다. 그리스도의 신부는 복종의 원리로 가게 되어 있습니다.

"복종의 원리" 가 굉장히 무모한 말 같고, 어리석은 말 같아도 이것이 하나님의 원리입니다. 믿습니까? 이 책을 읽는 모든 분들이 배필의 원리대로 그리스도에게 복종하기를 바랍니다. 우리가 그리스도의 신부가 먼저 되어야 합니다. **"그리스도의 신부가 되자."**

예수의 신부가 먼저 돼야 합니다. 예수 그리스도의 신부가 되면, 예수님이 자기 신부를 그냥 놓아두겠습니까? 생각해 봅시다. 신랑이신 예수 그리스도의 실력은 모든 부분에서 능치 못함이 없습니다. 그런데 자신의 신부를 그대로 두겠습니까? 우리가 예수 그리스도에게 복종하여 온전히 그리스도의 신부가 된다면 예수 그리스도의 능력이 우리 삶에서 나타나는 겁니다. 배필의 원리가 일어나는 겁니다.

그렇기 때문에 우리가 예수 그리스도에게 복종해야 합니다. 99프로의 복종이 아니라 완전한 복종이 필요합니다. 우리의 삶을 돌아보면, 예수님께 복종을 한다고 이야기합니다. 그렇게 우리의 삶에서 덜 중요한 것들은 복종을 잘 합니다. 중요하지 않다고 하는 부분에서는 철저히 복종을 합니다. 그러면서 자기 스스로를 속입니다.

"나는 예수님께 다 복종한다."

하지만, 우리 삶에서 점점 더 중요한 부분일수록 오히려 복종하지 않게 됩니다. 마지막 남은 꼭짓점 하나는 절대 복종하지 않습니다. 자신이 가장 중요하다고 생각하는 것을 예수님이 건드린다면, 참지 못합니다. 그런데, 복종이라는 것은 그 마지막 꼭짓점 하나까지도 복종할 때 비로소 완성됩니다. 꼭짓점에 있는 그 하나를 복종하지 않으면, 그 밑에 있는 모든 것에 복종했다 해도 결국 복종하지 않는 겁니다.

여러분 마음속에 남은 마지막 꼭짓점 하나까지 예수 그리스도께 복종함으로써 승리의 삶을 살아가시길 바랍니다.

'이럴까? 저럴까?'

이런 고민하지 말고, 예수 그리스도에게 마지막 꼭짓점까지 복종하시기 바랍니다. 아멘.

우리가 그리스도의 순결한 신부가, 되지 않기 때문에 나에게도 배필이 안 일어난다고 말했습니다. 우리의 삶에서 배필이 일어나지 않는다면, 우리의 삶을 돌아봐야 합니다. 내가 정말 그리스도의 배필의 삶을 살아가고 있는지 말입니다.

내 삶에 배필이 일어나기를 원하는 여자들은 남편에게 '복종'해야 합니다. 복종해야 배필이 되는 겁니다. 육신의 삶에서 배우자를 선택하고 자신의 남편으로 맞이했다면, 남편에게 복종해야 합니다. 아내의 사명은 복종입니다. 육신적인 배필도 복종입니다. 영적 배필도 복종이 필요합니다.

제가 경험해 봤기 때문에 잘 압니다. 육신의 배필, 제 아내 말입니다. 정말 제 아내는 내 말을 안 들었습니다. 안 들어도 너무 너무 안 들었습니다.

"아유, 내가 재수가 없어서 저런 여자를 만났을까?"

이런 생각을 할 정도로 정말 통탄하고 통탄했습니다.

"하나님, 왜 저런 여자를 나한테 줬냐고요!"

제 속에서 불이 나고 거꾸로 처박히는데, 나중에 알고 보니까 제가 예수님한테 복종을 안 하니까 아내가 저한테 그랬던 겁니다. 제가 예수님께 복종을 했더니 아내도 어느 날 신실한 신부가 되어 있었습니다. 지금 아내가 저에게 얼마나 복종을 깊이 하는지 아십니까? 제 딸이 이런 말을 했습니다.

"이 지구상에 여자 중에 우리 엄마 같은 사람 없어요. 우리 엄마 둘도 없어요."
"왜냐하면, 저렇게 난폭한 우리 아빠를, 저기에다가 순종을 하니 우리 엄마 같은 사람 없어요."

그러면서 자기는 절대 그렇게 못 한다고 했습니다. 그런데, 남편에게 복종할 마음을 가져야 합니다. 그럴 때, 배필의 원리가 일어납니다. 여러분이 상상하지 못할 정도로 아내가 제게 복종을 잘 합니다. 앞서 이야기했지만, 이게 그냥된 것이 아닙니다. 제가 예수님께 복종하여 내가 그리스도의 배필이 되니까, 아내가 저한테 배필이 되어 준 겁니다. 여러분부터 예수님께 복종하시기 바랍니다. 그러면 여러분에게도 배필이 일어납니다.

"복종하자."

"순종하자."

"확실히 하자."

"끝까지 하자."

"마지막까지 하자."

말은 참 쉬워 보이지만, 우리의 일상생활에서 그리스도에게 복종하는 것은 어렵습니다. 그걸 못하기 때문에 배필의 원리가 일어나지 않습니다.

더러운 신부

이사야 14장을 보면, 사탄의 타락에 대한 이야기가 나옵니다. 이사야 14장 12-17절을 읽어봅시다.

"너 아침의 아들 계명성이여 어찌 그리 하늘에서 떨어졌으며 너 열국을 엎은 자여 어찌 그리 땅에 찍혔는고 네가 네 마음에 이르기를 내가 하늘에 올라 하나님의 뭇 별 위에 나의 보좌를 높이리라 내가 북극 집회의 산 위에 좌정하리라 가장 높은 구름에 올라가 지극히 높은 자와 비기리라 하도다 그러나 이제 네가 음부 곧 구덩이의 맨밑에 빠치우리로다 너를 보는 자가 주목하여 너를 자세히 살펴 보며 말하기를 이 사람이 땅을 진동시키며 열국을 경동시키며 세계를 황무케 하며 성읍을 파괴하며 사로잡힌 자를 그 집으로 놓아 보내지 않던 자가 아니뇨 하리로다."(사 14:12-17).

이게 사탄의 타락장입니다. 천사장이었던 루시엘이 타락하여 사탄이 되는 과정입니다. 이와 똑같은 기록이 에스겔 28장에도 기록되어 있습니다.

에스겔 28장 12-13절입니다.

"인자야 두로 왕을 위하여 애가를 지어 그에게 이르기를 주 여호와의 말씀에 너는 완전한 인이었고 지혜가 충족하며 온전히 아름다웠도다 네가 옛적에 하나님의 동산 에덴에 있어서 각종 보석 곧 홍보석과 황보석과 금강석과 황옥과 홍마노와 창옥과 청보석과 남보석과 홍옥과 황금으로 단장하였었음이여 네가 지음을 받던 날에 너를 위하여 소고와 비파가 예비되었었도다"(겔 28:12-13).

이게 사탄에 관한 똑같은 이야기인데, 타락하기 전의 이야기입니다. 그러다가 15절에 가면 사탄의 타락이 나옵니다.

에스겔 28장 15-16절입니다.

"네가 지음을 받던 날로부터 네 모든 길에 완전하더니 마침내 불의가 드러났도다 네 무역이 풍성하므로 네 가운데 강포가 가득하여 네가 범죄하였도다 너 덮는 그룹이 그러므로 내가 너를 더럽게 여겨 하나님의 산에서 쫓아 내었고 화광석 사이에서 멸하였도다"(겔 28:15-16).

왜 천사가 더러워졌을까? 왜 그렇게 깨끗한 천사가 더러워졌을까? 천사장인 루시엘이 타락한 것일까? 하나님이 창조 이후로 최초로 더럽다는 표현을 쓴 게 이겁니다. 하나님이 천사를 보고 더럽게 여긴다는 한 것은 물질의 더러움입니까? 아니면 영의 더러움입니까?

천사는 물질의 더러움이 없습니다. 천사는 물질의 더러움, 그런 것 없습니다. 그런데 왜 광명한 천사를 왜 더럽다고 했을까? 더러움의 정체는 하나님의 의지에서 이탈하는 겁니다. 하나님의 말을 듣지 않는 겁니다. 그것을 더럽다고 그러는 겁니다.

사탄이 하나님의 말을 안 들어서, 그것을 최초로 내가 너를 더럽게 여겨 화강석 사이에서 쫓아내었다고 말씀하신 겁니다. 그러니까 하나님이 보는 더러움은 복종하지 않는 겁니다.

지금 우리를 향해서도 마찬가지입니다. 하나님이 여러분을 더럽게 여길 때는 물질적인 더러움, 육신적인 더러움이 아니라, 하나님에게 복종 안 하는 것을 더럽다고 하는 겁니다.

여러분과 제가 더러운 냄새를 싹 없애려면 하나님께 복종해야 됩니다.

"주여, 오늘부터 복종할게요."
"나의 신부의 드레스를 깨끗하게 해주세요."

우리가 하나님에게 복종하면, 주님의 신부들의 세마포가 깨끗해집니다. "복종"할 때, 일어나는 일입니다. 우리 모두, 하늘나라 갈 때까지 풍성한 배필을 체험합시다.

"육신의 배필." 여러분 가정에서 육신의 배필 되기를 원하십니까? 하나님에게 복종해 봅시다. 배필의 축복이 옵니다. "가정의 배필." 하나님께 복종하면, 여러분의 가정이 천국이 됩니다. 복종하면, 즉시 여러분 가정에 어두운 마귀들이 다 떠나가 버립니다. 하늘로부터 영광이 여러분 가정에 임합니다. 아멘. 여러분들의 자녀들도 여러분을 보고 감동을 받습니다.

하나님께서 세우신 배필의 원리를 깨닫고 순종과 복종함으로 우리의 삶에서 배필의 역사가 일어나기를 바랍니다.

> **기도**
>
> "사랑의 하나님, 배필의 원리대로 하나님께 복종, 순종을 제대로 해보겠습니다. 우리의 시간을 하나님께 드립니다. 내 삶에서 배필의 역사가 일어나게 하옵소서. 예수 그리스도의 이름으로 기도하옵나이다. 아멘."

전광훈 목사 설교 시리즈 Light 08
배필의 원리

초판 발행 2025년 6월 27일

지은이 전광훈
펴낸곳 주식회사 뉴퓨리턴

주소 서울특별시 성북구 장위로 40다길 19, 1층 106호(장위동)
대표전화 070-7432-6248
팩스 02-6280-6314
출판등록 제25100-2023-043호
이메일 info@newpuritan.kr

ISBN 979-11-992908-0-8 03230

―――― **전광훈 목사 설교 시리즈 Light** ――――

01 7대 명절로 나타난 그리스도

7대 명절의 구약적 의미, 예수 그리스도의 구속사적 의미, 그리고 성도의 심령 속에 나타날 복음에 대한 의미가 담겨 있습니다.

02 오대 제사

하나님은 제단이 아닌 곳에서는 사람을 만나지 않습니다. 제단의 핵심 원리는 십자가이며, 십자가를 확대 설명한 것이 구약성경의 오대 제사입니다.

03 만유회복

사탄의 나라에서 태어난 인간이 어떻게 예수 그리스도를 붙잡아 메시아의 나라에서 이기는 자가 될 수 있는지에 대한 내용이 담겨 있습니다.

04 성경의 원리를 알자

이 책에는 모세가 쓰고 바울이 해석한 성경의 전체 설계도가 담겨 있습니다. 그 설계도는 바로 예수 그리스도이십니다.

05 창조로 나타난 그리스도

천지창조 7가지 사건을 통해 예수 그리스도가 이 땅에 사람으로 오셔서 우리를 구원하시기 위해 행하신 복음의 7가지 사건이 담겨 있습니다.

06 이스라엘의 양육일지

이 책은 하나님이 구약시대의 이스라엘 백성이나 신약시대의 여러분이나 사랑하는 자녀를 어떻게 양육하시는지 설명하고 있습니다.

07 인간 창조의 원리

하나님은 '인간 창조의 원리'로 인간을 창조하셨습니다. 이 책에는 구약성경부터 바울 서신까지 확대되는 인간 창조의 계시를 설명하고 있습니다.

모세가 쓰고 바울이 해석한 성경이
드디어 열린다!

태초에 하나님은 천지를 창조하시고 가장 마지막에 사람을 창조하셨습니다. 이때 하나님은 남자와 여자를 같이 만들지 않으시고, 아담을 깊이 잠들게 하신 후 그의 갈빗대 하나를 취하여 하와를 만드셨습니다. 여기에는 하나님의 분명한 의도가 있습니다. 아담은 예수 그리스도의 모형이고, 하와는 신부인 우리를 의미합니다. 하나님은 인간을 그리스도의 배필로 창조하시고, 모든 인간을 배필의 원리로 경영하시고 섭리해 나가십니다. 이것을 가리켜 '배필의 원리'라고 부릅니다. <배필의 원리>는 창세기부터 요한계시록까지 확대되는 배필의 원리를 설명하고 있습니다. 인간의 모든 삶은 배필의 역사를 통해 이루어집니다. 배필이 있고 없고는 하늘과 땅 차이입니다. 인간 옆에는 배필이 있어야 형통함이 일어납니다. 이 책을 통해 여러분의 삶 가운데 놀라운 배필의 역사가 나타나고 하나님께서 예비하신 모든 축복이 임하길 바랍니다.

값 12,000원
ISBN 979-11-992908-0-8 03230